子供の頃は、ボンクラでもよか

北島　進

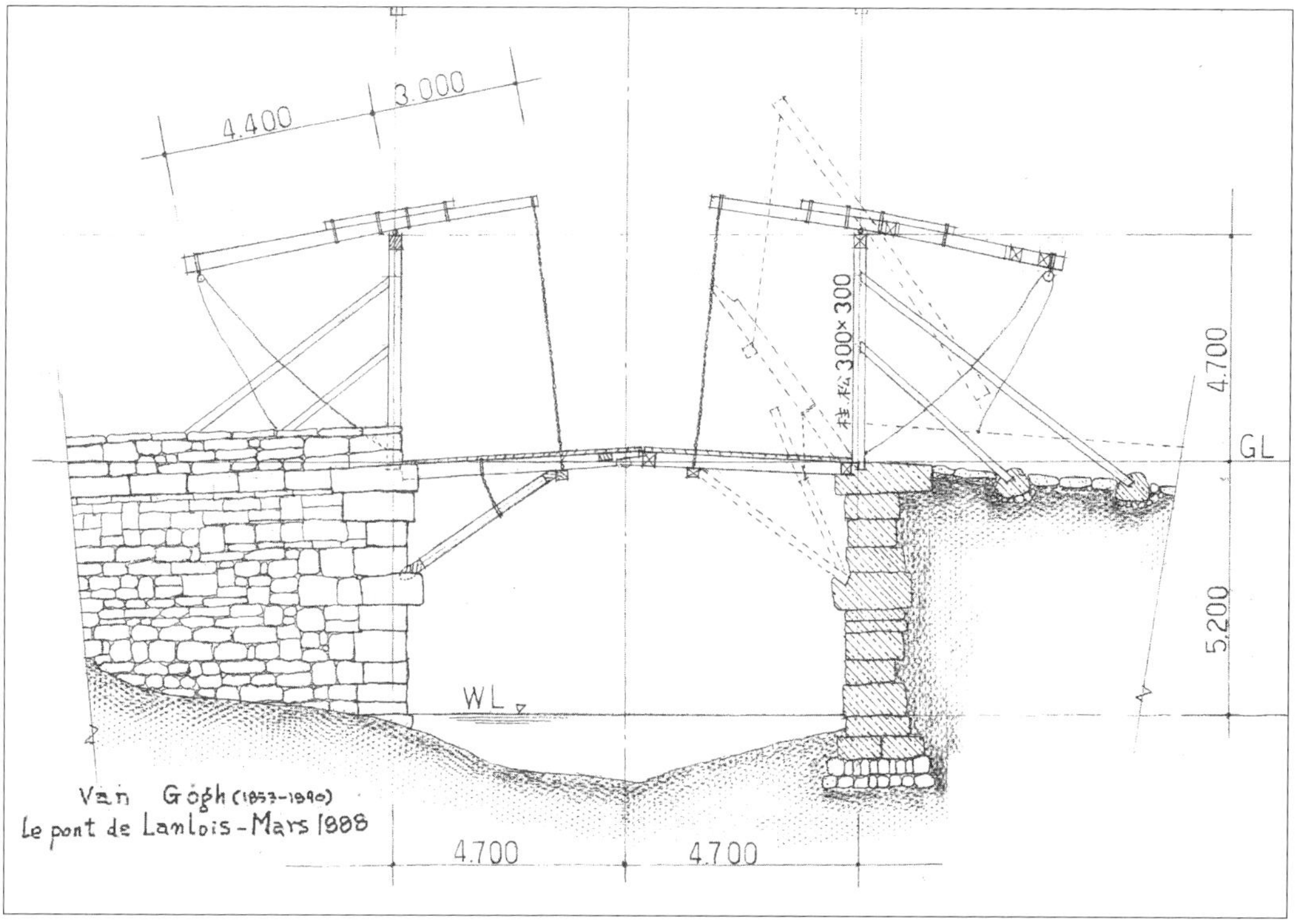

海鳥社

はじめに

私の育った時代は一般に貧しかった。その中でも私の、特に少年時代の環境は、福岡市内でも吹き溜まりといわれたぐらいの場所でした。

家は貧しい長屋住まいで、小さな甘酒屋でしたが、当時、父は病気がちで、兄弟や姉達は学校の成績はとても優秀でしたが、なぜか私は、小学校時代は超ボンクラで、いつも両親からも先生からも怒られてばかりでした。

小学校時代のある日、厳しい女の先生で、私は体も弱いため教室でウンチをしましたが、先生はそのままで自宅へ帰れと言われ、北風にあおられながら泣き泣き家に帰ったこともありました。ボンクラゆえに、とても先生から嫌われていました。

私は文学的な才能はありません。できたら今考えている事を文学的に表現したいのですが、それが出来ませんので、私の生涯を順を追って書留めます。この書物を読まれる方はこれから私の察している事柄を理解していただきたいと思っています。

近頃は子供の成績が悪いと言っては、親が無駄な心配をし過ぎたり、学校や子供に当たりちらしたりすることが多いような気がします。その心配が度をこえ、かえって子供を放任して、ゆくゆくは子供がニートになったりします。

子供はその子供なりにのびのび育てていくべきです。私のような子供も、いつかはまともな人生を歩むようになりますよ。この本がいくらかでもボンクラな子供の参考になれはと願っております。

また、私が小学四年の時に大東亜戦争に突入し、その後の福岡大空襲で学校は消失、戦後になると超食糧難の時代で、高校では先生、そして生徒と少数の大工のみで、遠い糸島の海軍兵舎を解体、運搬して、人力のみで校舎を建設しました。福岡市は予算不足で校舎を建てる余裕もなかったのです。このため二年半ものの間は作業ばかりでした。

小学校は超ボンクラ、高校もどうしようもないボンクラでした。このような時代の背景も考えてこの本を読んでいただければ幸いです。

私はここ数年、「私の建築紀行」と題する図面主として作成し、その出版に向け鋭意努力してきましたが、二年ほど前、パソコンの見過ぎもあって、突然右眼がおかしくなり、中止せざるをえなくなりました。

そこで平成十七年に出版した『先生！　もっと子供を叱れ』と平成二十年に出版した『家庭に不和がうまれるのは、住まいの設計思想にある』と、今まで講義や講演などしたものを併せ『子供の頃は、ボンクラでもよか』のタイトルで出版することにしました。

なお「私の建築紀行」の内容は出来るだけ「断面図」を入れて構造を理解できるようにと考えていました。予定していた図面は、目標の九五％しか完成していませんが、その趣旨だけでも理解していただければ幸いです。

図面は製作途中でもあり多少間違いもありますのはお許しの程、なお基礎や骨組みの構造は私の推定です。ご了承ください。

この本のタイトルは本文で国際的な政治的理由でノーベル賞をもらえなかった医学博士（私が若い頃教えた工業高校の卒業生の紹介で、先生の自邸を設計した）の脳内神経細胞の発達理論にしました。

二〇一四年九月二十日

北島　進

【目次】

私の建築紀行……55

あとがき　83

【建築図版】

子供の頃は、ボンクラでもよか

私の自伝的人生論

小学校時代は超ボンクラやった

私は学芸会に出たことがない

私は、学芸会に出たことがありません、と言うよりも一度も出してもらったことがないのです。

小学四年生の十二月に大東亜戦争が始まり、五年生からこの嫌な学芸会は中止になりましたが、それまでの四年間は学芸会には全く関係がありませんでした。クラスは男女併せて四十五名ほどでしたが、学芸会に出してもらえない生徒は、私の外に韓国人のA君、頭に出来物を持つB君、いつも両手の袖に鼻水の付いたC君、いつもチンチクリンの服を着ているD君の五名でした。

この当時は一般的に貧乏な家庭が多く、新しい服が買えない家庭は当たりまえでしたし、兄弟の多い家庭の者は多くがお下がりの服をきていました。それに、病院に行く金も薬を買う金もない家庭が多かったのです。時には弁当を持って来ない生徒もいました。

私は出してもらえないからと言って一つも苦になりませんでした。むしろ、皆で誰もいない運動場を朝から放課後まで走り回り、ドッチボールやら、相撲や鉄棒が出来るのが楽しみでした。学年は男女合わせて六クラスあり、学芸会の練習の時期に運動場で遊ぶような男児は私達数人だけのようでした。

楽しかったのですが、苦しみもありました。この時期になると親父がしばしば今年は学芸会に出してもらえるのかと聞き「出ない」と答えると、先生の言うことを聞かないからとか、勉強をしないからとか、宿題もしない生徒を先生が好きになる訳がない、と言って、ものすごく怒られていました。母親も必ずと言ってよいほど、近所の誰それは主役で何かに出るとか、誰々はいつも出してもらえるなどの愚痴が始まるのです。叱るときは決まって夕食時でしたから、ご飯の味も楽しみも全く感じず、いつも泣きながらご飯を食べていました。これには本当に困り辛かった。

父親は時々、「先生に頼んで教科書の一ページでも読ましてもらえ」と言っていました。子供が何にも出してもらえないのが悔しかったのでしょう。

でも嬉しかったこともありました。誰もいない運動場や砂場で遊ぶのは、とても気持ちよいものです。

少し前ですが、自虐ネタで有名になった、「ひろし、です」が私はたいへん好きです。内容も良いし、品も良いからです。ネタの一つにこのようなのがあります。「ひろし、です、私は学芸会ではいつも土でした」。黒い服を着て舞台でいつも横になっていると いう役だったそうです。しかし、「ひろし」は学芸会に出してもらったからまだ良かった。

「ひろし、です」は人気が出る前はとても苦労したようで、それ故このような品性のある芸ができるのでしょう。人間にとっては少しくらいの差別や不幸は必要です。大好きな「ひろし、です」

の人気が末永く続くよう応援しています。

顔を墨で塗られて、運動場に立たされた

三年生の頃だったと思います。朝、書道の時間の始めに墨を擦っていた時のことです。後ろの席にいた韓国人のA君との間で何かでもめ事があり、後ろを向いた途端に筆で私の顔に墨を塗ったのが始まりで、お互い反撃しあい二人とも顔が真っ黒くなった時にちょうど先生が教室に来られて、非常に叱られました。罰として、講堂に面した運動場に黒い顔のまま、二人とも一日中立たされました。

中休みと昼休みに全校の生徒が見にきては、ワイワイ騒ぎ、初めのうちは二人とも泣いていました。下を向いて泣いていたときの事です、よく聞こえるものですね、女の子が「あの人達いやらしか、涙と唾で墨を拭いているとよ」と言っていました。泣くのに疲れたのもあって、しばらくして泣くのを止めました。

しばらくして小便がしたくなったのには困りました。授業中静かになった時に、お互いに見張りをしながら交代で二十メートルばかり先にある防火用水のバケツに向かって、音がしないように小便をとばしました。防火用水の水が多くなって良かったね、と二人で笑いました。もちろん先生方が前を通るときは反省しているかのように下を向いたままです。その日は放課後帰るまで立たされていました。

現代の先生も、このような軽率な生徒にはこれぐらいの罰を与えて欲しいと思います。生徒の親がどんなに怒ろうが、気にすることはありませんよ。結局この日は許されたのが遅かったので、皆が帰ったあとの教室でやっと二人で弁当を食べた気がします。こんなことはさすがに滅多にないので、いくらか記憶に残っています。

当時、児童一般の弁当は本当に貧しいものでした。日の丸弁当が半数でした。日の丸弁当とは、おかずとして飯の真ん中に塩辛い梅干が一つのっただけのものです。この梅干の酸性はアルミで出来た弁当箱を錆びさせてしまうので、弁当箱の蓋の真ん中に穴が開いてしまった人もいました。梅干でなくても、おかずとしては塩辛い塩鯨か沢庵くらいなものでした。なかには塩を振り掛けただけの弁当の人もいました。卵焼きやゆで卵などは、遠足でやっと食べることができるくらい貴重なおかずだったのです。

一度面白いものを見たことがあります。友達の所に遊びに行った時のこと、その友達の隣は子供が八人くらいいる家族です。昔の塀はどこも節穴がたくさんある板一枚だけというのが一般でした。友人が、「面白いから見やい」と勧めるので節穴から見たところ、食事の真っ最中。兄弟が多いため、少ないおかずやご飯を食いっぱぐれないように嚙む速さがものすごく早くて驚きました。今の家族は一般的に少人数なのでゆっくり楽しく食事をするのに比べ、食料が少ないと生活そのものが慌しくなるのも当然だったのでしょう。

「腹が痛い」と言うと「宿題をしてないけんやろう」

私は幼少の頃から体質的に胃腸が弱く、時々腹が痛くなり、よ

く嘔吐もしていました。

ある日の一時限目の授業中、胃がむかついて机の上に少し嘔吐してしまったので、ただちに雑巾で拭き、先生に「具合が悪くなりました」と言ったら「宿題をしてないけんやろう」と、持っておられた細い竹の棒で叩かれてしまいました。しかし私が本当に青い顔していたからか、看護室に行きなさいと言われ、むかつく腹を押さえ、フラフラしながら一人で看護室に言った事を覚えています。

嘔吐は一時間程で治りましたが、看護室で生まれて初めて白くて柔らかいベッドの上で休んだ時は、とても気持ちよかったのが印象に残っています。忘れられないのは、ベッドの直ぐ横のガラス戸の開いた五〇センチも離れていない敷居で、一羽の雀がしばらく動かずにジーとこちらを見ていたことです。今でも雀を見るといつもあの雀を思い出します。小説や映画などでよく刑務所の鉄格子の入った独房で小鳥や鼠に餌をやる場面がありますが、私の心は、さながら受刑者の心境だったように思えます。

軟弱な体質を何とかしようと思い、戦後しばらくして、高校時代から柔道、空手などを始め、大学まで身体を鍛えました。戦後すぐは占領政策の為、GHQから学校での武道教育の一切が止められていたので、毎夕汽車で三十分程離れた郊外の柔道場に練習に行き鍛えていました。入門する時は同窓生の五人同時に入門しましたが、自慢ではないが、半年以上続いたのは私だけでした。

あまり強くはありませんでしたが、高校時代だけでも二年間は通い、大学でも四年間続け、更に高校教師時代でも柔道部の顧問として、健康の為にも努力したつもりです。しかし今でも完治とまではいかず、水泳などで鍛えている毎日です。今でも一番困るのは海外旅行の時です。食事や水にはかなり気をつかいます。

勉強はせんでも大工にはなれる、でも大工は頭がいる

一年生から四年生までの担任は、怖い女のF先生でした。頭も悪いうえに勉強もしませんので、いつも通信簿は良、不可、良、可、という感じでしたが、一番下の工作だけは優でした。工作だけは男の先生だったからです。当然両親もこの成績表を見て良い顔はしませんが、工作だけは良いからでしょう、あまり怒りませんでした。もしかしたら単に諦めていたのかもしれません。

私は勉強しませんでしたが、早朝から夜中までグライダーや飛行機などの模型飛行機を熱心に作っていました。おふくろがなかなか金をくれないので、高価な竹ヒゴを買えず、グライダーの骨は自分で竹を割り削って作っていました。

グライダーはこの骨組みを作るまでが大変です。糊はご飯粒にお湯を入れ、よく練って使用していました。高価なセメダインは買ったことがありません。またどこにでもある板切れなどで戦闘機や飛行艇を作っていました。道具は折りたたみ式のナイフと台所の包丁、家にある切れにくい鋸、それとガラスを割ったものだけ。ガラスの破片の角は鋭利なので、小さく削るにはとても効果的だったのです。学校に糸鋸はありましたが、鋸の刃は高価で折れ易いため使用させてくれませんでした。

自分で言うのもおかしいですが、模型飛行機だけはクラスで一番上手だったと自負しています。六年生の時に作ったペンキで色

を塗った飛行艇は、いつまでも工作室のガラス戸の中に飾ってあり、ひそかな自慢でした。

　このように工作が大好きなので、手には切り傷が絶えた事がなく、左手親指の根元には二センチぐらいの竹屑が入ったまま十年間ぐらい放置していましたが、いつの間にか消えていました。竹も有機物ですから、肉体で還元して吸収されたのでしょうか。

　おふくろは宿題をしない私にたえかね、しばしば「馬鹿！」とか「頭を叩くよ！」と言います。

　あんまり言うからでしょう、おやじは横から、「あんまり馬鹿馬鹿と言うと本当に馬鹿になるから馬鹿と言ったらいかん」と、おふくろをたしなめていました。そして、「勉強せんでも、工作は好きやけん大工になったらいい」と呟き、「でも、大工は頭がいるけんね」とも言って嘆いていました。

　かつて私は建築研究所をやっていましたが、そこの事務所には、戦時中活躍した日本の戦闘機や爆撃機のプラモデルが飾ケースにたくさん飾っていました。天井にも大きなプラモデルを吊し、また暇を見つけては飛行機を作り、多くの方にもらっていただきました。近頃プラモデル店がめっきり少なくなりました。この大きな福岡市内でも一～二店舗だけです。寂しくなりました。

　人にはそれぞれ何か良いところがあるということが、後年教師をしていく中でよくわかっていきました。

　数十年前、ある有名な週刊誌にヨーロッパの少年に将来どんな人物になりたいかをたずねた統計が載っていました。一位は建築家、二位は医者、三位は弁護士の順でした。

　この記事を読んだときは大変嬉しかった。そういえば親父が私を怒る時に、当時は何の事だかわかりませんでしたが、「大工さんの嫁になるには三代かかる」と言っていたことがあります。その意味は「私は大工さんの嫁になれなくても、孫の代くらいには大工の嫁になれるだろう」というものです。

　昔は大工さんの社会的地位はかなり高かったようです。戦前までは、宮崎のある地方では大工さんに来てもらうには馬で送り迎えしていたそうです。そういえばこのＩＴ時代でも、全国の小学生のアンケートでは、なりたい職業の第一位は大工さんでした。

　私はこの三十数年の間に、嬉しいことに世界の見たい建築物をたくさん見る機会を得ることができました。また建物の骨組みを力学的に解析する耐震設計を専門に学べたことを感謝しています。教師をしながら研究室を設け、構造設計を含め、構造計算をしたビル、煙突、橋梁がたくさん残りました。小さい時から勉強は余りしませんでしたが、大好きな模型飛行機から始まった「もの作り」の楽しさを学んだお陰だと思っています。

学芸会で白虎隊を観る

　人間は生まれながらに天性の素質があるのだろう。私には二つ違いの弟がおり、いかにもしようもない私とは違って、弟はなぜか小学生から中学三年生まで、いつも級長とか副級長をしていました。走るのも速く、学校代表でよく陸上競技の大会に参加していました。また先生からも友人からも大変好かれていたようです。

　私が四年生のとき、弟は二年生で白虎隊に出演し、隊長として最後に自刃するという場面がありました。学芸会当日、母は早朝から鏡に着物姿を色々な角度で映しながらとても楽しそうにしていました。私は小学生時代おふくろを一度も楽しませたことがないのが残念でしたが、学芸会当日は私もなんだか嬉しくなり静かに観賞しました。

弟が法律を勉強しようと進路を決めていたとき、親父が怒ったことがあります。弟に「法律を勉強するのは止めれ」と言っています。なぜかと言うと、法律を勉強すると世間の裏の裏を知ってずるくなるからだそうです。親父は若いころ株で大損し失敗したことがこたえていたのでしょう。結局は薬学を勉強する事になりました。また親父は、私が高校時代に、吉川英治の『三国志』を読もうとしたら凄く怒っていたこともありました。当時は怒られる意味がわかりませんでした。『三国志』は陰謀と策略が渦巻いていて、人を騙したり騙されたりばかりの話です。戦争にはあらゆる知謀術数を巡らして勝たねばなりませんが、若くしてそのような勉強をする必要はないからと考えたのでしょう。また残虐な場面も多いため反対したのかもしれないなと、後になって怒られた理由がわかりました。

後年、『三国志』を始め中国の歴史書をかなり読みましたが、歴史の参考にはなりますが、教養書としては程遠いと思います。近頃は映画などで見るに耐えない場面が多く、アニメやゲームなどでも簡単に人を殴ったり、倒したり殺したりしています。考えもつかないような事件も多くなりました。早く何とかしなければ本来の日本人の心も社会も混乱し破壊してしまうでしょう。

これは先生の大半が、教え子をあまり叱らない、怒ることが出来ないのにも大きな原因があるように思います。何回も申しますが、ただ、大きな声をだし無闇に怒るだけでは何の役にも立ちません。むしろ反発するだけです。教師は、怒る前に自らが受け持つ教科についてのエキスパートでなければなりません。どんな児童・生徒でも真剣に教えてくれる先生の教えには耳を傾けるものです。

ウンチをしたままの状態での帰宅は辛かった

前にも書きましたが、子供の頃は胃腸が弱く、病気といえばいつも嘔吐するか腹が痛くなるかでした。そういえば小学校に入学する少し前、近所で私だけ擬似赤痢になって荒津伝染病院（現在の福岡市立こども病院）に入院したことがあります。真っ白な自動車に乗って連れて行かれた事と、看護婦さんから親切にしていただいたこと、退院の時には博多湾の見える大きな風呂に親父と入ったことだけは今でも思い出します。腹が痛くなると、家では必ずヒマシ油を飲まされていました。ヒマシ油の臭くて飲みにくい事、いつも泣きながら飲んでいました。

ある寒い午前中のこと、腹がとても痛くなり、先生に言ったところ、何の理由だったか覚えがありませんが、怒られて「我慢しなさい」と言われました。先生へのお願いの仕方が悪かったか、あるいは宿題を全然して来なかったからといったところでしょう。しばらく腹痛を我慢していたが耐え切れず、とうとうウンチをしてしまいました。先生にはそのまますぐ家に帰んなさいと言われたので、そのまま泣きながら寒い風にあおられ一人で帰ったことがあります。家に帰りつくとおふくろが井戸端で綺麗に洗ってくれましたが、尻の冷たかった事といったら、小学校時代一番辛かったのは、この帰り道でした。

しかし、この程度の怒られ方は、当時は当たり前の事でした。今の学校の設備は何でも至れり尽くせりです。また家具屋で見ると、小学生の勉強机の素晴らしいこと、将来はこの子供机の横にウォーム付きの水洗トイレが取り付けられるのでないかと危惧してしまいます。

当時の一般的家庭の勉強机は、ご飯を食べる食卓と一緒で、ご飯を食べる合間に子供が勉強机にしたものです。机や家具、そして建物がよくなり広くなれば、それに反比例して人と人との心の絆は希薄なものになっていきます。これは住宅設計の基本でもあります。

知り合いの精神科の先生の説明では、脳神経の活動に最も良い居室の温度は四度だそうです。身体に最適な室内の温度は十六度ですが、我々日本人は白人よりすこし高めの平均十八度と言われていますので、寒い部屋で毛布を身体に巻いて勉強するのが学生には最も優れた方法だと思います。昔の生活は最高のウォームビズだったのではないでしょうか。私達の学生時代は炬燵もなく、誰もが貧乏だったので、寒い部屋で洋服の上から丹前や毛布を巻いて勉強していました。寒かったが勉強の効果もあがりました。

以下参考にしてください。一人の日本人が最も安心できる空間の大きさは、畳三畳、高さ七尺（二・一メートル）と言われています。建築基準法に、室内の高さの最低限度は二・一メートルとあるのはこれから来ています。今は日本人の体格も大きくなったので、このスペースより少しは大きいものと考えて下さい。四畳半は二人でお銚子を傾けながら三味線を聴くのに最も適した空間で、音もよく響きます。

先生の結婚を知ってホッとした

四年生の終業式の時、教育勅語が奉納されていた講堂の壇上に、校長先生と担任のF先生が並んで立たれました。何だろうと思っていたら、あの怖いF先生が結婚し、現在の中国山東半島の青島にお嫁に行くことになったと校長先生が話していました。当時、結婚の意味が何か理解出来ませんでしたが、この学校を辞められるのだということわかりますと、それから楽しくなるばかりです。

教室に帰ると皆シーンとしており、先生がお嫁に行くことを告げられると、女の子は皆泣き出しました。男子も何人か泣いていたような記憶があります。今となっては失礼だったと思いますが、私はこれでやっと叱られる事もなく、叩かれることもなくなるので、嬉しくなるばかりでした。ただただ下を向いていました。

後で思うに、担任が学校を去るに当たって多くの学童が泣いて別れるということは、とても素晴らしい先生だったということに違いないのです。今となっては失礼だったと思いますが、私の低学年時代の精神構造は今でもわかりません。

講堂の壇上の正面には奉安殿があり、そこには天皇の御写真と教育勅語が安置してありました。祭日の都度、ここの小さな扉が開けられ、白い手袋をした校長先生がおもむろに教育勅語を読まれます。全校生徒はその時直立不動でやや頭を下げていました。きつくなって頭を上げたり、鼻水を強くすすったりというのは厳禁です。校長先生は「火災の時は火の中に飛び込んで死んでも御真影を守らねばなりません。火災とか地震の時は真っ先に学校に来てこれらをお守りします」と説明していました。

お嫁に行ったF先生は無事に帰国されたでしょうか。空襲で私達の工業学校も焼け、一時的に博多港近くの同じ市立の鉄筋コンクリート三階建ての奈良屋小学校に仮校舎として間借りしていました。その屋上からは、北は近くの港から南は遥か博多駅まで遠望でき、周囲は皆焼け野原になっているのが見えていました。満洲・中国・朝鮮半島からの引揚者の方々の苦労は筆舌に言い尽くせないものだと聞いています。現地では、特に若い女性が苦労されたようです。屋上から、引揚者の苦労とやっとの思いで日本に上陸できた喜びの様子が手に取るように感じられました。

当時は苦手なF先生でしたが、後になって努力する気力を、私に一杯与えてくれたのはこの先生だったかもしれません。もしご健在ならばお礼を申したいと今でも思っています。

日本は地形的にも安全な国です、漢民族は敵の侵攻を防ぐために万里の長城を築きましたが、日本は幸い周囲が海に囲まれており、いわばこの海が万里の長城の何倍もの効果があるのです。第二次世界大戦でこの安全だった海を日本人が越えたため、逆にこの海が障害になり、日本へ戻り難くなったのだと思います。

日本人は恵まれたこの周囲の地形や自然、そこから生まれた風習をもっと大切にしなければならないと思います。越えにくい海があるからこそ、直接侵略される危険が少ないのです。

建築の話になりますが、侵略の危険性の少ない故の安心感からうまれた日本住宅の開放的な間取りの意味を、一度考えて直して欲しいと思っています。

陸続きの大陸民族のように外敵から身を守るために常時もっていた金属の武器から変化したフォークやナイフとは違って、自然の木の枝からできた箸を使う食の文化も再考していただきたいとも思います。また侵略の目的ではなく、心を磨くために腰に持っていた武士の大小の刀も、平和への考えに通じるもではないかと思います。

零戦は最優秀機

寒い朝、女の子は裸足で泣きながら学校に通っていましたが、空を見上げると優秀だった零戦や隼戦闘機がよく飛んでいました。学校の近くには飛行場があり、これが今の福岡空港です。

第二次大戦時の初期に活躍した海軍の戦闘機零戦の零は、紀元二六〇〇年、(西暦一九四〇年)に完成したので、最後のゼロを取って付けられたものです。だからその前年に完成した戦闘機は九十九式といい、二六〇〇年の次の戦闘機は一式といいます。この零戦の最も優れた点は、千馬力も満たないのに二二〇〇キロの航続距離があることで、この超航続が可能になって海軍も戦争に踏み切ったとも言われています。太平洋は広いのでこれ位の航続距離がなければ飛行距離以外の用件を満たしたとしても話にならないのです。因みに、当時のアメリカの戦闘機一五〇〇馬力で航続距離は一六〇〇キロ。いかに零戦が優秀であったかがわかります。

地図を開いてみてください。開戦当時、台湾の南端の高雄基地からフイリピンのコレヒドールにあるアメリカ軍事基地までの往復二〇〇〇キロ以上を零戦で攻撃したのです。このことは戦後までアメリカの総司令官マッカーサーも信じなかったぐらいです。マッカーサーはてっきり零戦はフイリピンの近くまで来た航空母艦から発進したと、戦争が終わるまで確信していたそうです。もっとわかり易く飛行距離を説明しますと、博多―東京間の往復が二〇〇〇キロです。

しかし、生産力がアメリカの一割以下、しかも燃料も足りない国力で、一旦守勢に廻ってしまうと、この零戦も席の後ろには防弾板もなく燃料タンクには延焼保護膜等の防御力もないので次々に落とされてしまいました。日本機は七面鳥打ちとも、ライターとも称されたぐらいです。

マッカーサーは戦争の作戦も拙かったが故に、必要もないフイリピンで戦争をして現地の住民を戦禍にさらし、多くの住民を亡くす結果となりました。それ故彼は大統領になれなかったとも言われています。

戦時の不自然な教育や、ムチャクチャな生徒指導はあってはなりませんが、児童・生徒・学生には誠意を持って接し、誠の心をもって怒るべきであります。

私の経験では、ねじくった教育論や教育実践論なんかは何にも役に立ちません。「俺は教育者」と言っている者に限って、ちょっとした知識と学識を持つだけで、実践能力もなく、学校の校則違反者に対しては処罰を傘にきるだけで真剣に怒る事さえ出来ない者が多かった。

福岡県や福岡市などは「教育研究所」を持っていますが、そもそも、教育研究所というもの自体が単なる集合場所であるような気がしてなりません。教育研究所といって何の研究しているのか私には今でもわかりません。教育の研究は先ず担当の教科を良く知り研究し、それを通してあらゆる指導をすべきだと考えていました。担当の教科に自信を持ってない先生は、どんな生徒も尊敬もしないでしょう。またそんな先生が注意しても反発するのが目にみえています。教育を向上するには先ず己を磨くことです。

坂井三郎中尉は大空のサムライ

剣道で私を鍛えてくれた六年の担任K先生がある日、ラバウルの海軍航空隊の話を熱心に話された事がありました。ある航空兵が、苦しい激戦の後やっとの思いで基地に帰り着いた時には燃料がぎりぎりで、滑走路に着陸した時は全くガソリンがなかったという話でした。その激戦というは、ガタルカナル島近くで敵機と遭遇し敵機を数機撃墜したが、その後、不幸にも敵弾が顔や頭に命中し右目が見えなくなり、頭からの出血が多く操縦不能に近かったというものです。

帰還中はたびたび意識がなくなり、何度か海面すれすれの背面飛行を繰り返しながら、四時間後ラバウルにやっと帰還したということを、模型飛行機を見せながら生き生きと話してくれました。

私が学生の時、大阪の中ノ島公会堂に坂井三郎中尉の講演を聞きに行ったことがありましたが、講演の中で以前聞いたその話を聞いて驚きました。中尉は海軍航空学校に三度目にして合格し、訓練の合間をみては視力を鍛える事に努力をされたそうです。

当時は十分なレーダーなどない時代ですから、自分の目で敵機をいち早く発見した者の方が優位な位置につき攻撃が出来るのです。ですから目を鍛える方法として、早く寝る、酒を飲まない、夜遊びしない、煙草は吸わない、街に出ると出来るだけ遠くの看板の文字を読み取る努力をし、まだ明るい内に野原で空を見ながら寝転び一番星を発見するということで視力を鍛えたそうです。

その甲斐あって当初一・二だった視力が、卒業する時には四・五になっていたそうです。そういえば、コンゴの大自然で育ち、来日した黒人タレントのオスマン・サンコンさんは、来日当初は視力が五近く有ったのが、数年後は一・二以下まで落ちてしまったとテレビで語っていました。以前モロッコを旅行した時も、アフリカの多くの方は視力が四~五あると話していました。アフリカの大自然で育つと、日本とは違って視力も発育するのでしょう。

中尉は四度負傷されたが、最後に右目の視力を失ったあとも、硫黄島上空で米空軍機と交戦しています。戦争に参加して四年の間に、太平洋上での出撃二百回以上、その間、敵機六十四機を撃墜、かつ生還されたという事は、本当に素晴らしく、それは中尉の日々の努力が実を結んだ結果ではないでしょうか。

ある日、中尉がガタルカナル上空で爆撃機集団の中の最先頭機を追撃した時、その爆撃機には後にアメリカ大統領になったジョンソン氏がこの島で議員として戦場の状況を視察するために搭乗していたそうです。この戦闘では中尉は別のＢ25の大型爆撃機を撃墜されました。

戦後、敵味方の友情に敬意を示す意味で、大統領の招待を受けられました。中尉が平成十二年に八十四歳で亡くなられるまでの間に、米英仏軍からは度々栄誉勲章を受けています。亡くなった時はアメリカの有名紙に中尉の記事が掲載されました。

坂井三郎氏は、日本古来の武士道をもった実に「侍」と呼ぶに相応しい人物です。これは日本人の資質に加え、海軍の厳格な規律とその敢闘精神から生まれて来たのでないかと思われます。

工業高校時代もボンクラやった

私達は戦争に直接参加はしなかったが、激動の真只中、少年から青春時代を送りました。戦中戦後の思いでを述べると切りがありませんが、忘れられないことは、福岡市の予算不足のみの理由で、全焼した校舎を先生と生徒だけで海軍兵舎の解体、運搬、建設し、校舎を再建したことです。

こんな杜撰な教育行政は全国にまたとありません。私達は多感な青春の大事な時期を失いました。この建設で社会奉仕の精神を学んだと言う者もいますが、ボランティア精神は一人ひとりしっかりそれぞれの立場を勉強してこそ生まれるものです。私達の損失は、若い命を戦場で散華した若者達に比べると取るに足らないものですが、今一度高校時代を思いだすことも人生のなかで大事なことであろうと思います。

終戦直後、米軍捕虜が先生にお礼に

戦時中、私の学校には和佐井大佐というとても偉い軍人が配属

将校（学校の生徒・学生に軍事教育をする軍人）として赴任しており、生徒に教練を教えていました。当時の配属将校の学校での地位は、校長と同等かそれ以上だったそうです。五十歳位の軍人で、とても厳しい先生でした。ある日の教練の時間、直立不動の姿勢をとらねばならない時に、ちょうど風をひいていて鼻水が服まで流れたので素早く拭いたのを運悪く見つけられ、すごく殴られたことがありました。殴られるのは日常茶飯事の時代でありますから私が悪かったと思っています。その配属将校は終戦の半年前に国防上最も重要な位置にある対馬の司令官として転勤していきました。

次に来られたのは伍長の兵隊で国松先生と言う方でした。三十代半ばの兵隊さんでしたが、この先生は立派な学識を持った穏やかな方で、当時珍しく英会話も堪能でした。私が通っていたこの工業学校の一部は、戦争当初、南方で捕虜になった米英軍兵士が二十〜三十名あまり収容されていました。伍長の先生はこれら捕虜の管理も一部してあったようです。英会話が堪能なので教育係のような役職だったのでしょう。

戦争中、多くの学校が英語は敵国語として廃止されていた時代、私達の工業学校では必ず必要になるとの理由で戦時中より厳しく教育されていました。英語教育の初期の発音は厳しかったのですが、この捕虜教育係であった国松先生は時々英会話の基本を教えてくれたので、私達は暇があれば捕虜達の所に行き、会話を楽しんでいました。驚く事にこれら捕虜のほとんどが彼女と一緒に撮った写真を持っていたことです。捕虜達の弁当は、どれも大きな木製の弁当箱にご飯がいっぱい入っていたし、おかずとしては小さな箱に味噌が一杯詰まっていました。当時の私達の食事より遥かに上等です。終戦間際のＢ29での爆撃を受けていた当時の食糧難の時代でも、日本軍は捕虜をそんなに悪くは扱っていないと思います。

北九州の爆撃で撃ち落とされたＢ29の搭乗員の数名を、日本人が山中で空手で突き殺したり日本刀で打ち首したり、また九州のある病院では人体解剖実験をしたこともありました。この当時私達伍長の先生は、誰もが空腹な食糧難のこの時代に、捕虜の当番兵を代わる代わる自宅に連れて行き市民の一般が口にすることも出来ないぜんざいなどを少しではあったでしょうが食べさせていたそうです。

それらの捕虜達が、敗戦と同時に米軍から投下された緊急食料を持って先生の自宅にお礼に来たといいます。この美談は当時の新聞に大きく報道されました。敗戦の翌日、元陸軍の飛行場（今の福岡空港）へＢ29が数機飛来し、赤・青・黄・白等美しい落下傘に緊急物資を結んでたくさん落としました。この緊急物資には当時の日本人が見たこともない食料が一杯詰まっていた事でしょう。色とりどりの落下傘はとても美しいものだったし、皆が欲しそうな顔して仰ぎ見ていました。

この飛行場では建設のため捕虜が二百〜三百人働いていましたが、彼らはひそかに自転車の部品を拾って短波受信機を作っていたそうです。だから、国際状況を始め、敗戦の日については玉音放送がある何日も前から知っていたと言います。もう一つ驚く事があります。米英軍の捕虜達の間では、捕虜期間中の少ない食糧の配給において、何一つとしてもめ事がなかったといわれています。このことは、戦時中日本の将校が驚いていました。日本の兵隊だったらこうはいかないだろうなと。

福岡市の大空襲の日、伍長の先生の家の十数メートル手前で延焼が止まったと聞きほっとしました。

開戦の当初は、軍部は戦果について正確に報道していましたが、戦が落ち目になると、だんだんと不正確な報道になってきていました。ラジオのニュースでやっていた終戦間近の戦果報告は、始め軍艦マーチが流れた後、「敵航空母艦一隻轟沈、駆逐艦三隻撃沈、航空機三十五機撃墜、我軍の被害は航空機十五機」というような調子でした。戦後の調査では皆なでたらめだったことが判明、日本の戦果報告によれば、この大戦中撃沈した敵航空母艦の総数は三十隻余りとありますが、実際は四隻だったのです。Ｂ29の空襲も益々激しくなっているのに不思議だなとは少年の私でも思っていたものです。

福岡の大空襲でも、敵機約六十機と報道していましたが。当時放送を聴いていた人は今でも六十機と思っているかもしれません。しかし後の調査ではなんと二〇五機のＢ29が飛来しています。市内には焼夷弾が広い範囲に落ちたので、あっという間に市内中が炎になり、広く燃え尽きてしまいました。

この日は暑い夜で、私は裸で寝ていたのでしょう、突然の空襲で裸で防空壕に飛び込み、小さな壕内でおふくろからやかましく怒られました。

Ｂ29はサイパンを飛び立ち、鹿児島上空から博多に飛来していますが、鹿児島上空近くに来た時、軍は直ちにトラックで捕虜達を安全な場所に避難させたそうです。それ故に捕虜の死者は一人もいませんでした。市内の死者の合計は約千人ほどでした。

不謹慎とは思いますが、防空壕から見る飛行機からの火のついた焼夷弾の帯の雨は、子供ながらに怖くもありましたが美しいとも思いました、火のついた焼夷弾が滝のように幅広く落ちてくるのですから。地上からは日本の高射砲もさかんに撃っていましたが一つも当たりません。爆撃機の下で爆発するか横で爆発していました。

この空襲の翌日、市内の中心街に位置する川端（現博多座）にあった十五銀行の横を通った時は目を覆いたくなるような惨状でした。その地下室で六十人程の市民が亡くなっていました。この銀行の近くの市民が、空襲と同時に地下室へ避難したのですが、アッと言う間の空襲で停電となり、シャッターが開かなくなり、全員が蒸し焼きになったということでした。銀行前の道路はなんともいえない光景でした。学校の帰り、ちょうどホースで放水中で、周囲一帯は人の焼け焦げた臭いで一杯でした。

空襲の翌日、市立奈良屋小学校の出来事

福岡市は博多湾に面しています。市内のほぼ中央の南北方向に大きな那珂川が流れていて、昔はその東側を商人の町「博多」と呼び、西側の武家屋敷を「福岡」と呼んでいました。その商人の町の中心に奈良屋小学校があります。この学校は、当時としては市内で最も立派な小学校で、鉄筋コンクリート造の三階建です。

大空襲の時、この奈良屋小学校を中心に広い範囲ですっかり焦土となりましたが、建物が耐火構造だった事と、学校の前に広い

道路があったおかげで、一部は焼けてしまっていたものの大方は延焼を免れていました。空襲の翌日の下校途中、六十人程の方が焼死された十五銀行を見て何とも言えない気持ちになっていましたが、この小学校の横を通って更に悲惨さを実感しました。一階の五つくらいの教室にびっしりと焼けて亡くなった方達が安置され、たくさんの方が我が子、我が親、知人を捜していました。阿鼻叫喚の姿を見たような心境でした。亡くなった方達は皆苦しそうに手の指を広げ、掻きむしって何かを求めているようでした。

私達の学校ではクラスの半分が焼けた学校の整理を、後の半分は十五銀行で焼死された方々を戸板に乗せてこの小学校まで運んでいます、私は学校の整理をさせられました。

私が通っていた福岡市立の工業学校は全て焼失してしまい、行く場所もないので、戦後の二学期の始業式は、同じ市立の学校であったこの奈良屋小学校の焼け残った場所で行われ、校舎が再建設の開始まで、この小学校が仮校舎となりました。仮校舎としての期間、小学生の姿は見かけませんでした。周囲は焼け野原で、住まいがほとんどなかったからでしょう。

終戦後の数年間は大変貧しく、十分な家もなく食糧もなく、低電圧のわずかな送電はほんの短い時間帯という生活でした。今考えると不衛生そのものの闇市場でしたが、金さえあれば何でも手に入りました。闇市場では復員軍人に混じって多数の気の毒な傷痍軍人も目につきました。

大切な夫や息子を兵隊に出していた時代でした。私の家では兄が逓信学校出身だったので数年間の徴兵延期があり、八月一日に航空機の通信兵として出征しましたが、幸いにも終戦の日までのわずか十五日間だけの兵役で、後は残務整理をして復員してきました。しかも、一段と逞しくなっていたので、母がとても喜んでいたのをおぼえています。

学校建設に二年半もの間、生徒を参加させる

勤労学徒をしていた頃、福岡市の大空襲で学校が焼けると同時に疎開事務所での仕事は中止になったので、その後は終戦までの間、市郊外にある飛行機部品を造る鉄の鍛造工場に勤労奉仕をすることになりました。

鍛造工場への出勤は、自宅近くの駅から博多駅を通り二つ先の駅までの汽車通勤でした。この列車で時々惨状を目にしました。ある時はここに来るまでの間のどこかで機銃掃射を受けたのか、いたるところに機関銃の弾丸が当たり車両が傷だらけです。またある時は、ひどい攻撃を受けて屋根の一部がありません。窓の一部がなくなって、いたる所に銃弾の後と血がこびりついていたこともありました。当時は、結構やられたなくらいの軽い気持ちで見ていたものです。

ある日の通勤途中、一度駅構内で列車事故を見かけた事もあります。女の人が轢かれて両足がばらばらで腸も出ていたのですが、列車は止まろうともせず、しばらくして逆方向の列車がその上を走っていきました。レール上の死体からは熱で湯気があがっていました。死体を整理したのは一体いつになったのでしょうか。慣れると言う事は恐ろしいことです。

工場での生徒や社員の間では、超新鋭機とうたわれている震電

旧練兵場敷地に校舎を建設する

（J七）が近くの九州飛行機製作所で製作中だと噂されていました。この飛行機はプロペラが後ろに付いた逆推進型機で、径三〇ミリ四問の機関砲を持つザリ蟹に似た飛行機です。噂ではB29が飛行する位置まで二分で急上昇するといわれていました。攻撃した後は滑空式で降りて来るのだそうです。

終戦間際にこの飛行機が私達の工場の真上を試験飛行したのを二度ほど見た時には感動しました。これでB29を撃墜できると期待しました。三回目の本格的な最終試験飛行が八月十五日にあり、その後は実戦に供されると聞いていましたが、この十五日には終戦になってしまいました。ガッカリです。

米軍が初めて飛行機で福岡に来た時、最初の質問は震電はどこにあるかと聞いてその製作所に案内させたことは有名な話です。現在この震電は、一機だけアメリカのスミソニアン記念館に残っています。

終戦になっても私達の校舎はなく、市内中心部に焼け残った小学校などを仮校舎として転々としていました。一年後、福岡城内にあった元陸軍の練兵場に新校舎が建つことが決定しました。学問の場所としては一等地ですが、福岡市に学校建設の予算がない故、職員と生徒だけで学校を建設せよとの事でした。

どのような経緯でそういうことになったのかはわかりませんが、結局は職員と生徒全員で建設する事になりました。先生方も、生徒への説得には苦労していたようです。

作業は、各班に分かれて、四〇キロ離れた元海軍の小富士航空隊（福岡県志摩市）の木造兵舎の解体、解体した木材を貨車への積み込むため生徒の肩に担いで四キロ運搬しての積み込み、学校近くの駅では降ろし、学校まで肩に担いで五キロを運搬、それからさらに大工さん五人程と共同の建設というものでした。はっきりとは覚えていないが、当然学費も払っていたと思います。全てが困難の連続で、一番苦労したのは弁当でした。当時は本当に食糧不足の時代だったので、時には農家の生徒が米を持って来ては作業中の運動場で飯を炊き、皆で分け合って食べた事も何回もありました。

海軍兵舎の解体も困難でした。解体といってもただ壊すのでなく、出来るだけ木材が壊れないように取り外すのですから。また運搬については本来ならトラックで運ぶ所ですが、その予算もなかったので全て人力です。今では考えられません。

作業が終わる頃は、皆の肩に瘤が出来ていました。運んだ木材

完成した２棟の校舎とトイレ

には大・中・小のたくさんの釘が打ってあるので、その釘抜きも大変です。材木や部材を上に持ちあげるのは全て生徒がするため、いつも危険が伴っていました。

海軍兵舎の解体中、落ちていた鉄砲の弾を拾い、触った途端に弾が爆発しクラスの友人の一人が亡くなり二人が大怪我をしました。とても残念なことでした。

馬小屋校舎みたいな教室ではありましたが、十教室ばかり完成し、やっと勉強が出来るようになったのは、作業を始めて二年半後のことでした。その間の約二年半、授業は全くなしです。

こんな作業ばかりする学校に在籍するのは、何の役にも立たないと、多くの生徒が退学しました。また、正規の勉強している他の学校に転校していった同級生も数人います。教室では得ることが出来ない尊い勤労精神は身につきましたが、多感で心身の発育に重要なこの二年半の勉学の損失は、真に大きかったと思います。当時の私達の年齢は、現在の中学三年生と高校二年生に当ります。皆、勉強しなかったこの期間を取り戻す為に大変な苦労をしたと思います。

戦後の混乱期故、色々な理由はあったとはいえ、二年半あまりも生徒に一切の勉強もさせず働かせた教育行政の杜撰さは、怠慢以外の何物でもありません。

その後は予算も下りたのか、次々と校舎の建設や正規の授業も進み、優秀な先生方もたくさん赴任して来られました。講堂や体育館こそありませんでしたが、各科の実習室も完成し、無事に高校を卒業する事が出来ました。後でわかったことですが、ほかの一般的な高校生と比較すると勉強はかなり遅れていました。

私達の世代は様々な時代の変遷を経てきました。小学校時代の大陸戦争と続く大東亜戦争などの争乱をはじめ、敗戦と混乱と朝鮮動乱、続いて来たのが鍋底景気と言われる長い低迷期、やっと高度成長で喜んでいたかと思うと、オイルショック、それからバブル経済とその崩壊。こんな経緯をわずか六十年あまりで経験した事はむしろ幸せだったかもしれません。

今日、当時の事柄をもっては比較できない面も多々あるでしょう。しかし豊かであるが故に、心が荒んでいるような近年、小・中・高・大学の先生は再考察しなければならないと思います。ほって置けば、日本の屋台骨が崩れ去ってしまうでしょう。政治的にも経済的にもやや低迷期とはいえ、世界の中でも日本人は特に適応性と優れた応用力を持っているように思います。

　方向性さえ間違えなければ、日本の子供達はきっと世界の指導者になれると思っています。

思い出のエピソードをいくつか

●入学当初から農家や飛行場での勤労奉仕や、運動場での防空壕堀の作業が多く、また先輩達から色んな理由でずいぶん殴られた。ある時は実習室で事務員がバットで生徒の尻を殴っていた。この事務員はおかしかった、戦後一、二年して亡くなったそうです。
●学校の一部は「捕虜収容所」になっていた。ある朝、門番の衛兵に敬礼し収容所の横を通っていた時、足を骨折した日本の兵隊が凄く殴られていました。様子を陰で見ていましたら、収容所の管理に当たっていた兵隊が、早朝二階から小便をした時寝ぼけて地上に落ちたようです。上官が弛んでると言ってその兵隊を殴っていました。
　ある日アメリカ兵の所に行きましたが、驚いたことに昼飯は良いものを食っていました。大きな弁当箱に、おかずは小さな箱に味噌が一杯です。当時の日本兵より上等でした。捕虜達はいずれも彼女の写真を見せながら自慢し、楽しそうでした。何回か行き英語を少し教わりました。六月十九日の大空襲の時は空襲の少し前、全員をトラックで本部に運びましだ。
●ガタルカナルも落ち、戦況が思わしくなくなった頃、偉い将校が学校に来て講演したことがあります。その講演の中で精神力でB29も落とすことが出来る。この大和魂はこの日本刀にあると言います。これと同様なことを動員先でも誰かが言っていました。それからしばくして福岡大空襲がありました。陸軍の参謀には「バカ」が多かった。
　戦後わかった事ですが、捕虜達は既に戦況を全て把握していました。飛行場にいたたくさんのアメリカ兵が作業中に拾った電気の部品を集め短波を受信していたそうです。電源は自転車の一部を改良し使用していたそうです。
●冬の寒い暗い内から飛行場の動員に随分行った。私達の作業は排水の為のトレンチ造りとその中につめる砂利作りでした。ある日、技術将校がアメリカはジャングルの中に一週間で飛行場を造ると言っていたが、その後、建築土木を勉強する内その内容がわかりました。精神論優位で技術力を知らない日本の軍参謀がこの強力なアメリカによく戦いを挑んだものです。孫子の兵法を知らな過ぎた「バカ」でした。
●私は動員先の疎開事務所で、測量士の指導のもと平板測量を使いこなすことが出来た。後の学校でも、仕事でもこの測量はとても役にたった。この動員では不思議なことに、どこに行っても近くの方がお茶を出してくれたことです。当時、測量士には敬意を払っていたのでしょうか。または伊能忠敬が日本全国を測量した頃の気風がまだ残っていたのかも知れません。
●福岡大空襲は昭和二十年六月十九日ですが、その数日前の日曜、友達（彼の家は福岡藩主黒田家の末裔で、下橋近くにあった当時の黒田別荘に住んでいた、彼は戦後印刷科に移籍）の家に遊びにいっていました。その昼頃です、雲一つない一万メートルの上空に一機B29が飛んできました。おそらく偵察に来たので近い内に空襲があるぜ、と話しあっていましたが、その通りになりました。
●福岡空襲の翌日、学校に行ったら学校が全焼していて、私達の班は焼夷弾の整理をしたが、校内だけで焼夷弾の筒が約五〇〇本以上が集まった。Ｂ29、機分そのまま落ちたのでしょう。学校に行くあいだ焼けている街を見ながら、また何人もの焼け焦げた遺体を見て登校した、川端の十五銀行の地下では七十人の方が焼死されたそうで、銀行前には焦げ臭い匂いが一杯でした。昼頃でした敵戦闘機が機銃掃射をしている音を聞きました。
校内で不思議なことがあった。空襲は夜十一時から三十分、昼の十二時頃の後片付けの時、校舎の完全に燃えた焼け跡に一個「ラクダ」の絵のついた匂いの良い米国タバコ・キャメルが落ちていた。理由は今でもわかりません。警察に届けました。
●別の班はこの十五銀行で亡くなった方達の遺体を戸板にのせ奈良屋小学校まで運んでいます。三日ぐらいあと友人とこの遺体を見に行った。阿鼻叫喚の苦しみであったろうと、可愛そうでならなかった。
●Ｂ29を迎撃可能なＪ７（震電）の試運転を松屋製鍛所の上空で二度見た、今日が最後の試運転で次から迎撃できると言う日に終戦になった。木材工業科も四月から木材航空科になると聞いていたので少し残念でした。
●四人程で仮校舎の奈良屋小学校からの下校途中、料理屋のＮ君がピーナツを食っていたので、友人の一人が俺にもやれといったら嫌といって断った。翌日、廊下で食っていたのを予科練帰りの先輩が見て要求した時も断った。頭にきた先輩が何人かでメチャメチャに殴ったそうです。皆喜んでいた。彼はなぜか三十歳半ばで夭折しました。
●私の町内には一人の「勇ましい若者」がいました。中央大学から学徒出陣した元将校で、南方方面の特攻隊の生き残りです。町内の皆が敬意をはらっていました。背中には大きく「南無妙法蓮華経」と斜めに達筆で刺青をしてありました（彼の奥さんはとても気品がよく、超美人で誰からも好かれていた）。彼は語学が達者で、仕事は県か警察の嘱託と聞いていました。
家の直ぐ裏の機関庫には二〇メートル角の立派な池があります。周囲の深さは三〇センチで、スリバチ状で中央の深さ四メートルぐらいで全面荒石の石張りです。蒸気機関車や機関庫で使用する為の重要な中水の溜め池です。

当時は近所の子供や青年の格好のプールでした。ある日国鉄の責任者数人が来ていつものように「出て行け」と叫んでいました。

その時たまたまこの池の近くいたこの若者が「この時代です、なんの楽しみもないので遊ばせてくれ。この機関庫近くの住民は煤煙でどれだけ困っていますか」と頼んでいますが、職員は「マッカーサーの命令なのでダメ」と言い張ります。頭にきた若者は「それではマッカーサーに会わせろ、マッカーサーを連れてこい」とやかましい喧嘩になりました。最後は国鉄マンが静かに帰って行きました。当時の公務員は難問に合うと誰でもがマッカーサーの名をかたっていました。この喧嘩、超超面白かった。
●戦後しばらく、大濠公園の中ノ島の入園はアメリカ人と日本の女性のみでした。今これを知っている市民はほとんどいないでしょう。遠くから見ているとパーティーなんかで、皆な楽しそうでした。戦争に負けたことは悲しい。

戦後しばらく博多湾の向うの「海の中道」には米軍の基地がありました。酔った米兵が日本の女性をジープに乗せ、この駐留地の近くで車から突き落とし、何回も車を往復させひき殺した事件もありました、敗戦国は惨めです。

●私のクラスに元気の良い者がいた、アメリカ兵と喧嘩してピストルを取ってきたと言って、学校でよく撃っていた。半年過ぎたころ、アメリカの憲兵ＭＰから家宅捜査を受けました。男気があり過ぎたのか、活性酸素が多かったのか、彼は若くして他界した。

●私は卒業式にとても思い出がある。皆な卒業後は進学とか就職とか希望に燃えている時、俺は卒業式まで就職先がなかった。

先生も何にも言われないので、考えもしなかった。卒業式の前夜、先生が自宅にきてくださって、直方聾学校の工作の先生にならないかと話があったが、これも断った。

夜、寝ていて明日からどうしようかと考え、怖くなって、はじめて就職のことを考え、翌朝担任の先生が学校に来られるのを今か今かと校門で待って工作の先生になることをお願いした。俺は本当に高校卒業までドウシヨウモナイ、ボンクラやった。

聾学校教師時代、始めて勉強した

聾学校教師時代（酒を飲んで来た生徒を褒められました）

十八歳で工業高校を卒業してから、九州北部の炭鉱の中心地にある福岡県立直方聾学校に助教諭として赴任しました。教える教科は工作です。当時全校の生徒数は五十名程で、先生の数は二十数名でした。先生方は生徒の教育に熱心なだけでなく、常に様々な教養を身につけようと努力しておられる方達ばかりでした。これら先輩の先生方を見ると、工業高校しか出ていない私の知識や学識のなんと低いことかと恥ずかしく、身に染みてこたええました。

この地方に限らず、当時は予備校などありませんでしたが、幸運にも聾学校の寮の近くにあった県立筑豊高等学校定時制の四年に特別聴講生として勉強させてもらうことができました。この学校では、工業高校にはなかった優れた考え方をたくさん学ぶことが出来、私の人生観の根本となる最も重要な経験となりました。

漢文の授業のある日、二十五歳程の生徒が少し顔を赤くしてふらふらしながら、十五分程遅れて教室に入って来ました。「今日は会社で打ち上げがあり、自分だけ帰れなくて遅れました、すみません」と言いながら頭をさげています。私はてっきり、酔っ払って学校に来るとは何事かと、強く怒られるか殴るだろうと思って見ていたところ、先生は、「酒の席があったにもかかわらず、努力して学校に来た事は立派な事です。この後の授業も頑張りなさい」と褒められました。

とても素晴らしい先生の考え方に感動を覚えたものです。それから私も、高校教師時代は怠慢で遅れた者以外は遅刻者をむやみに怒ったりはしませんでした。遅刻にもそれなりに理由があるものです。戦時中は理由がどうあれ、少しでも遅刻すると力一杯殴られたものでした。

この夜学の学生のほとんどは、戦時中は中国や南方の戦場に行ったために、満足に勉強出来なかった分を取り戻そうと、炭鉱などで働きながら熱心に通学している方達ばかりなので、自然と年配の方が多く在籍していました。

当時は大変な食糧不足の時代で、炭鉱の坑内で働くと一日五合の配給があります。生徒は、それもあって地方の方が多かった。

教室はいつも七十人位の満席なので、机の合間はまったくない状態でした。中休みはそれぞれ話をしていましたが、一旦先生が入って来られると水を打ったように静かになります。

短期の講義や講演ならまだしも、年間を通じてです。それも入学以来の四年間です。いや、ほんとうにこれには感心しました。このような経験は、その後の大学でも、教師をした高校でもありません。

いずれの先生も講師も同じ経験をお持ちの事と思いますが、講義中話し声が聞こえて来ると、考えが混乱して講義が前に進みません。在職当時のこと、九州大学のある先生が、近頃の学生は講義中よく私語をして困ると嘆いていました。同席していた中学の先生は、テレビは十五分毎にコマーシャルがあるので今の子供が講義を聞く限界は十五分であると説明していました。

私は現在、各地で建設関係の資格指導の講義をしています。大半の受講生は熱心です。それは、資格を取得しないと仕事の関係上、入札にも参加出来ないことと、仕事そのものの設計・管理が出来ないからです。生活が直接かかっていますから、皆なよく勉強します。

一般的には講義中は静かに聴いていただいていますが、土建屋さん特有の大きな声で話をする方も時々います。皆に迷惑なのでそんな時は「だまっとけ」と強く叱ります。叱られた者のほとんどは、頭に来るのでしょう、いつの間にか退席し次からは来なくなります。

ある日、定時制の漢文の先生が深い思いをこめて、白居易の漢詩「酒に対す」の話をされました。それはこのような詩です。

蝸牛角上争何事　蝸牛角上何事を争う、
石火光中寄子此身　石火光中この身を寄す
随富随貧且歓楽　富みに随い貧に随いしばらく歓楽す
不開口笑是痴人　口を開いて笑わざるは　これちじん

概略、争いのあることは人の常ですが、我々の住む所は宇宙の広大さに比べると蝸牛の角の上ぐらいの狭い所です。我々の生きている間の年数も宇宙の長さに比べると火打ちで叩いて一瞬に現れて消える火花のようなものです。この小さな場所でまたこの短い時間の中でなぜ争いをするのですか。勝ったとしても一体それがどうだというのか。折角この世に生を享けているのだから、金持ちは金持ちなりに貧しい者は貧しいなりに天の命ずるままに生きよう、さあゆっくり飲みましょう。

宇宙論の中で最も驚くこと

第二次世界大戦後、息つく間もなくアジアでは北に南に戦争が続いています。近年は特に中東においての戦禍が絶えません。あの「酒に対す」の漢詩を聞いた時から、宇宙の広さを知りたくなり、天文が好きになりました。しかしこの当時はまだ、宇宙の広さはせいぜい天の川銀河の範囲しか観察する事が出来ませんでした。天文学もせいぜい天の川銀河の範囲でした。ところが今では、ハッブル望遠鏡やハワイのスバル天文台が稼動するようになり、何百億光年先の深宇宙までも、その構造が解かるようになってきています。漢文の先生の宇宙観にはまことに頭が下がります。

次頁に、最も新しい宇宙の誕生とその終わりを一ページに纏めてみました。これは今年「ある集まり」の準備のため近頃作ったものです。一三八億年前のビックバンから始まって宇宙の終わるまでを一枚に纏めてみました。私のオリジナルです。面白く見ていただければと思っています（この十年の間宇宙論も急速に進化しました）。

小生、落ち込んだ時や病気の時なんか宇宙のことを考えていますと、治癒力かオーラが出てくるのでしょう、なぜだか元気になります。

学生時代、柔道の練習が終わると淀川の堤防をいつも一人で歩いて帰っていました。一つも街灯のない戦後の時代「夜空」の美しいこと、それ以来天文を考えるのが趣味になりました。

私がこの中で最も興味のあるのは、天文学者の共通の認識ですが、ビックバンの始まる前の物体は、一立方センチメートル当たりの重さは五〇〇万トン、でその温度は一〇〇億度×一〇〇倍×一〇〇倍だそうです。

大学の鉄骨屋根はアメのようでした

大阪工大の鉄骨屋根には、まだ空襲の跡が

敗戦後のしばらくは、混乱の中で国民の大半がやや放心状態のようでしたが、昭和二十四年頃からは技術立国の必要性から再び工学系の大学は希望者が多くなり、結構入学困難になりつつありました。

当時、日本の大学には工学部が比較的に少なかったようです。建築工学科をもつ大学は、九州では熊本大学と鹿児島大学の二校だけでした（九大は昭和三十年から）。わが大阪工大も年を追うと共に受験者数も多くなっていきました。

私は昭和二十六年に入学を許されましたが、私は勉強不足（戦中は学徒動員、爆撃で学校全焼、戦後は福岡市の予算不足のため生徒と先生と数人の大工のみで海軍兵舎を解体、運搬、建設で工業高校二年まで学業は全くありませんでした、でも勉強する者は独学で努力していた）で一度不合格になりました。他の工大（芝浦工大は当時二次試験があった）にもと受験準備をしていたところ、幸運にも一週間後、補欠入学の通知が来ました。この時は大変嬉しかったのをよく覚えています。

戦後間もなくの事でもあり、学校の校舎はまだまだ荒れていました。正面本館にＲＣ四階建てがあり、入学当初、四階に上がり

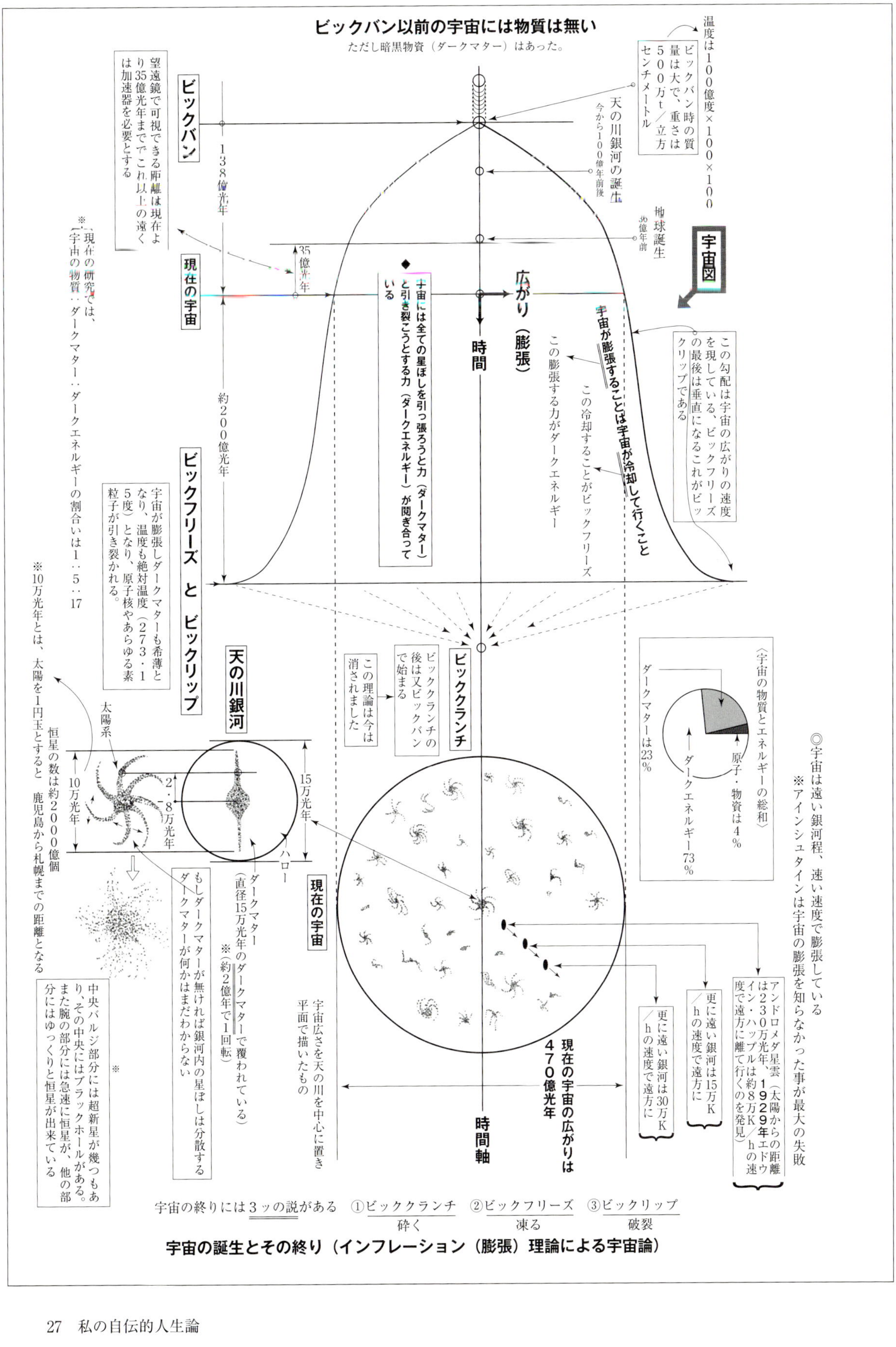
ビックバン以前の宇宙には物質は無い
ただし暗黒物質（ダークマター）はあった。
ビックバン
138億光年
望遠鏡で可視できる距離は現在より35億光年までこれ以上の遠くは加速器を必要とする
温度は100億度×100×100
ビックバン時の質量は大で、重さは500万t／立方センチメートル
天の川銀河の誕生
今から100億年前後
地球誕生
36億年前
宇宙図
35億光年
現在の宇宙
※「現在の研究では、「宇宙の物質：ダークマター：ダークエネルギーの割合いは1：5：17
◆宇宙には全ての星ぼしを引っ張ろうと力（ダークマター）と引き裂こうとする力（ダークエネルギー）が閲ぎ合っている
広がり（膨張）
時間
宇宙が膨張することは宇宙が冷却して行くこと
この膨張する力がダークエネルギー
この冷却することがビックフリーズ
この勾配は宇宙の広がりの速度を現している、ビックフリーズの最後は垂直になるこれがビックリップである
約200億光年
ビックフリーズ と ビックリップ
宇宙が膨張しダークマターも希薄となり、温度も絶対温度（273・15度）となり、原子核やあらゆる素粒子が引き裂かれる。
ビッククランチ
ビッククランチの後は又ビックバンで始まる
この理論は今は消されました
〈宇宙の物質とエネルギーの総和〉
ダークマターは23%
原子・物資は4%
ダークエネルギー73%
◎宇宙は遠い銀河程、速い速度で膨張している
※アインシュタインは宇宙の膨張を知らなかった事が最大の失敗
※10万光年とは、太陽を1円玉とすると 鹿児島から札幌までの距離となる
恒星の数は約2000億個
太陽系
10万光年
2・8万光年
天の川銀河
15万光年
ハロー
ダークマター（直径15万光年のダークマターで覆われている）
※（約2億年で1回転）
もしダークマターが無ければ銀河内の星ぼしは分散するダークマターが何かはまだわからない
現在の宇宙
宇宙広さを天の川を中心に置き平面で描いたもの
現在の宇宙の広がりは470億光年
時間軸
中央バルジ部分には超新星が幾つもあり、その中央にはブラックホールがある。また腕の部分には急速に恒星が、他の部分にはゆっくりと恒星が出来ている
※
更に遠い銀河は30万K／hの速度で遠方に
更に遠い銀河は15万K／hの速度で遠方に
アンドロメダ星雲（太陽からの距離は230万光年、1929年エドウィン・ハッブルは約8万K／hの速度で遠方に離れて行くのを発見）
宇宙の終りには3ッの説がある ①ビッククランチ 砕く ②ビックフリーズ 凍る ③ビックリップ 破裂
宇宙の誕生とその終り（インフレーション（膨張）理論による宇宙論）

ましたら、驚くことに屋根の鉄骨は空襲と火災で飴のように垂れ下ったままでした。この年、ここは立派な教室になりました。

また柔道部に入部した時のことです。二教室分の道場はありましたが、畳は土間のコンクリートの上にあるままで、危険極まりない道場です。一ヶ月後には住宅並の床にはなりました。柔道は工業高校で二年、就職（直方聾学校の工作の教師の為）で一年休みましたが、大学四年の夏やっと黒帯を取りました。当時は全て無差別、積算で五人抜いて初段です。六年かかりでした。私は何でもテンポが遅いようです。

この柔道は健康のために始めましたが、大学の三回生になりますと、建築科は製図の課題や実験などが多く、なかなか時間がありません。四回生当時は構造計算を選択しましたので、構造計算とか、後で述べますように、友人の分まで卒業設計をやる破目になり、柔道の練習時間の余裕は全くなくなりました。

この初段取得も試合で取得したものでありません。私のような体格では所詮勝ち目はなく、また実力もありませんでしたが、幸い高校時代に通っていた明徳館道場（大学時代は休暇の時だけは道場に通っていた）の先生（県警の師範）から、大学の終わりの夏、講道館に初段を推薦していただきました。

この柔道は私に合っているのでしょう、五十の中頃までは高校教師として生徒相手に真剣に取り組んでいました。実はこの推薦はとても幸いしました。朝鮮動乱も終わり、当時は超不況の時代で鍋底景気が長く続いた時代でした。当然就職も超困難な時代で、県の教職員の試験は二十六倍の難関でした。当然私は合格する点数でありませんでしたが、禁止されていた柔剣道教育も講和条約で締結されると同時に解禁になり、幸にその指導ができる教師の必要性から高校教師の採用になりました。

建築工学科に入学しましたら、教室には当時、関西で有名校でした工業高校・高校の友人がたくさんいます。階段教室でのことです、難解な微積の問題を前に出ては皆の前で考えながら解答する学生が何人もいます。この姿には驚くばかりです。特に電気、機械の学生は数学に強かったように感じられました。「俺は無事卒業出来るだろうか」が毎日心配の連続でした。

私は会ったことはありませんが、入学の始め四回生の中に、戦時中最優秀戦闘機の設計スタッフにいた方が再研究のために機械工学科にいるとのことでした。当時の学校は実験設備など不十分でしたが、学内の勉学意欲は燃えていました。入学の初期のオリエンテーションで、学生会長が一回生の私達にこんなことを言っていました「今この学校の実験設備は十分ではないけど、試験管一本が立派な実験室にもなるんですから」と。

当時の四回生の中に、福岡市出身者は二人いました、修猷館（卒業後は生家の西島設計、この会社は福岡市での最初の設計事務所）から一人、西南（在学しながら工大付属工業高校の助教師、卒後は航空庁）から一人です。二人の先輩からは色々と教わりました。お二人とも逝去され、今では私が一番上の先輩になってしまいました。

年々後輩は優秀になった、先生方も皆素晴らしかった

私が四回生の時、四回生が二名と三回生が六名ぐらいでT先生

の「構造特論」を受講した時のことです。構造学の講座の時、あまりにも難しく、何のことかチンプンカンプンで困っていた時、三回生の一人が内容について質問するではありませんか、その質問の内容の意味が私にはわからないのです。質問する者はいつも三回生ばかりです、いつも失望の連続でした。

あとで人に聞きますと、三回生の多くが京都大学受験を残念にも失敗した者達だそうです。そう言えば後輩の多くの方が本校卒業後、大阪市立大や京大の大学院に進み、社会でそれぞれ貢献されていて、中には京大教授になった方もいます。

先生も素晴らしい方がおられました。県人会の顧問になっていただいたK教授（後に工大学長）は、湯川博士の一年後輩の方でしたが、私は個人的にもとてもお世話になりました。物理の単位をなかなかくれない先生なので、当時、柔道部のマネージャーを兼ねていました私（一回生の当時から先輩の依頼あり）と先輩とで、柔道部員の為、お願いして部長になっていただいていました。毎年、年末には先生宅に行き、ご馳走をいただきながら、教室では話されない事柄やノーベル賞の裏話など聞くことができました。卒業後は博多に来られた時など、自宅にも泊まっていただきました。

構造学のT教授からは私のような者の質問にも関わらず、いつもていねいに考え方や解き方を教えていただきました。あるとき教授の教室に質問にいきましたときは、わざわざ計算尺をもって二時間にわたって親切に説明していただきました。教授の特訓のおかげで、卒業後は教師をしながらビル・煙突・橋梁など構造計算したものが多数残りました。

また四回生の前期、M教授から意匠論を受講した時のことです。なんと旨い講義かと驚くと同時に、毎週この時間が来るのが楽しみでした。先生の講義を真似しようと努力はしましたが、三十パーセント程は近づいたでしょうか。ある内容は同じ講義を夜学で二度程聞いたこともあります。

大阪では最初変な苦労をした

入学の数日前大阪に行きましたとき、赤川町（現・大阪市旭区赤川）近くの不動産屋にお願いし下宿屋の「○○屋」に行きましたところ、二階に十名ぐらいの若い職人さん達と、一階には男の家主さん一人と、高齢の男の賄いさん一人がいます。それよりも驚くことに部屋全体が汚いこと、二階の畳は黒いシートを張ったように真っ黒でした。

私の部屋は一階の階段を下りたところで、そこは皆が食事する三畳の部屋です。それ故朝と夕はこの部屋には居られません。食事の内容はいつもご飯と沢庵だけです。食欲なんか全くでませんので、いつも外食していました。私は経験がありませんが、昔のタコ部屋がこんなものでないかと思います。

夜は障子一枚の隣の家主部屋では毎夜数人で花札をしていて、寝られたものではありません。ある日あまりにも痒いのでＤＤＴを買って、柱の割れ目に噴霧しましたら、南京虫が何匹も飛び出して来ました。本当にまいりました。

勿論一ヶ月でそこを出ました（当時は米の配給制度やその通帳の関係で一月は定住の必要があった）が、敷金なんか戻そうともしません。この事は後々までもよい勉強になりました。学校に相談して紹介していただいた下宿屋は、工大生専用の下宿屋さんでした。

私達の下宿部屋は六畳と三畳の部屋で工大生が三名いました。機械工学科の一人はとても優秀で、彼は大阪大学の入試に失敗しただけあって、英語・数学は堪能でした。夜はずいぶんと彼から教わりました。教養講座の数学の時間では進んで黒板の前に出て難問を解答していたぐらいですから。

女遊びが嵩じて半年ばかりで辞めて、里に帰ると言っていましたが、真実はどうか定かでありません。

彼の実家は島根の農家の庄屋で、毎月かなりの送金があったようです。遊びに行く前は予防のため大きなペニシリンの注射針をでん部に私の前で打ち、南の歓楽街に出かけて行っていました。あの注射を見ていると恐ろしかった（当時はペニシリン、抗生物質は薬店で売っていました。ヒロポンはその数年前に販売中止になった）。

後の一人はハンサムで、実家も大きな建築会社で裕福でした。私はやっと入学できたのに、彼はこの工大では満足いかなかったのでしょう、この学校では勉強できんと言っては、いつも来年は京都大学の建築に行くと言っていました。

女性にもてすぎたことや、下宿代を不在日数のある月は日払計算するので、下宿屋といつもトラブルがあり、二回生の終わり頃には他に引っ越しました。

私は男前でなかったので落ち着いて勉強が出来たのかもしれません。

一人になったのも束の間、同じ科の友人が同居を頼むとやってきました。間を待たずさらに九州の一人が、このままでは卒業出来ないので一緒におらしてくれと、また三人になりました。

こんな事を書くと友人達に悪いけど、三回生の頃からは試験の時はいつも両側や後ろに数人の友人がいました。だからテストの解答は皆な同じです（試験前なんか、後や横の者からは大きな字で書いてくれとか注文がありました）。構造力学の宿題の解答は、何人かはいつも提出の前日に下宿に来て写しては帰っていきました。ラーメン構造の解答（撓角法）なんかは解くのに三～四日はかかりますので、解答を写すだけでもかなり時間がかかっていたようです。担当のH教授も解答を見ては同じ内容なので恐らく困っていたと思いますよ。あのボンクラな少年時代の私がこの構造力学では生まれて初めて一〇〇点をもらいました。あとで申しますが、日本人で戦前ノーベル賞をもらいそこねた医学博士の研究理論が正しいような気がします。

最後にきた友人は、卒業設計を私と同じく構造計算にするからよろしくとのことでしたので、私はよく似た構造の構造計算を二つすることになりました。彼に構造計算を教えながら自分の計算もしなくてはなりません。何枚もの構造図面も、私が彼のをすべて描くはめになりました。私も最初から最後まで一貫したものを通じて構造計算をするのは初めてなので、提出ギリギリまで本当に二人分苦労しました。有り難いことは卒業設計の提出日、担当教授が「卒業しても構造に自信をもってよい」と言ってくれたことです。

このほとんど私に頼った友人はパチンコマニアで、儲かったとき、近くの商店街の飲み屋に一度連れていってくれました。

ある日パチンコで儲かったけど、取り締まりが厳しくて金に替えてくれなかった、と言って、唐草模様の大きな風呂敷一杯お菓子を持って帰宅した時はビックリしました。ある時は立派なセーターやシーツなどの景品を持ってきました。

守口千林の飲み屋で思い出すのは、柔道の練習のあとグループで、一人四十円もって行き、二十円の日本酒一杯、十円で天ぷら二つを楽しみによく行ったものです、平和な学生時代でした。

面白いこともありました。私が二回生の時、柔道部員の四回生のM先輩が、最後の微積のテスト（当時はなんの科目の単位でも四年間の内に取得すればよかった）ではまったく自信がないので、テストの問題をある方法で手に入れ、解答は勉強を習う風を装いその夜、K先生（柔道部長、後に工大学長）にたずねに行ったそうです。無事テストは終わりましたが、担当のA先生（後に工大学長）があまりにも素晴らしい解答なので、もしこんな解答ができるなら一回生の時に単位は取得できたはず、との理由で不認定にされました。既に大阪府内の地方都市に就職が内定しているMさんは怒り、A教授と激しくモメタそうです。その夜遅く私の下宿に泊まりにきて、もし卒業出来ないなら「合い打ち」すると怒っていました。結局はK先生が中に立ち先輩は無事卒業されました。彼はのち糖尿病で若くして他界されました。よい先輩でした。

私は内心補欠入学という「落ち目」を持っていました。当時はまだ木骨造で飛行機の格納庫やアメリカ並みに五階建てぐらいのビルも設計・研究されていました。近年になり間伐材の利用や、空間の柔らかさを表現するなどの問題からこの木骨造が見直されています。三回生の前期、木構造の構造力学テストのとき、単位をいただきましたが、あとでクラスの中で単位を取得出来たのはクラスで二名と聞いたとき、やっと補欠からの劣等感を解消でき内心ホットしました。

ノーベル賞には裏話がある

先に記述しましたK教授からお聞きした事柄を少し。四回生（昭和二十九年）の暮れでした、いつものように先生の自宅に柔道部員の数人でお歳暮を持って遊びに行きました。当時は珍しいすき焼き、それにお酒もかなりいただきました。途中先生の妹さんがカチューシャの踊りを披露され、とても歓待していただき愉快になっていた時、面白いお話を聞くことが出来ました。それは湯川博士のノーベル賞受賞の裏話です。

当時、冷戦の真只中で、東西の対立は厳しく、少し前まではアメリカではマッカーシイ旋風（公職から共産党員を追放）が吹き荒れていた時のことです。アメリカが日本に原爆を落としたことに国際社会の批判も厳しく、アメリカもいくらかその責任を感じていたときのことです。

日本国民の間でも、この原爆投下にたいする反発も大きくなり、アメリカもこれらの事をなんとか回避し、日本国民に優越感を持たせなければと思い、日本の物理学界に、過去、素粒子や核融合などについて研究していて、ノーベル賞に相応しい者を推薦するように申し出があったそうです。

それでは、その第一人者は当然、朝永振一郎博士を推薦したそうです。すると彼は、学生時代に共産党の思想をもって活動もされていたそうです。当時はかなりの方がそんな活動をされていた時代ですが、だからダメとの返事があり、それではと次の湯川秀樹博士に決定したとの話をされました。先生が湯川さんは「運がよかった」と話していました。

Ｋ教授は湯川・朝永先生の一年後輩で、また朝永・湯川の両先生は三高で同級生で、京大では同時に素粒子や核融合について研究をされ、朝永先生がある実験をされ、それを証明されたそうです。後年、朝永博士は日本で二人目のノーベル賞の受賞者になられました。

都会の人はよく勉強しますね。以下の事柄は私の高校時代の勉学態度と比較すると雲泥の差以上です。当時は進学塾がまだ一般的でなかった時代ですから、自宅以外での勉強は、学校か図書館などで皆努力していました。

一年の正月休暇のことです、雰囲気を変えようと思い、中ノ島公園内の府立図書館に開館時の九時前に行きましたら、何と会館を二重近くに囲んでいるのです。当日はやっと三時頃に入館できました。

頭にきたので翌日は七時頃に行きましたら一五〇人以上は並んでいます。エークソと思い翌日は六時頃に行きましたら、既に三十人はいるんです。翌日は一番に入館しようと張り切って、一番の市電で行きましたら五人はいたでしょうか、皆玄関の北風の吹く外灯の下で本を読んで勉強しています。前の高校生に聞きましたら毎日汽車で五時に大阪駅に着き、一番の地下鉄で図書館のある淀屋橋に着くとのこと。

この高校生は、進学は京都大学の「建築」に行くと言っていました。早くここに来ることで精神力を鍛えているのでしょうか、この時は心から頭が下がりました。席は入館順ですから終日彼とは隣でした。今でもこの高校生の顔が目に浮かびます。

大阪工大の教育制度や教育方針は最高

私にとって最も幸いなことは、四年間、入学当初のままでの学費でよかったことです。その頃は、国立大学も年々学費が少しですが上がっていましたが、大工大は良心的でした。大工大も私達以降は一年毎に後輩の学費は上がって行きますので、一回生と四回生のその差はかなりのものになっていました。それ故私達の卒業時の学費は国立の学生とほとんど同額だったようです。

時々家からの送金が滞ることがあります。そのため下宿近くのガラス工場で時々アルバイトをしていましたが、この低学費はとても有難かった。アルバイト中は夜の教室で勉強していました。幸いにこの学校は当時、夜に単位をとっても昼間に加算してくれましたので助かりました。この学校は、夜間の講義も単位が取れるし、内容はまったく同じだし、こんなに優れた学校はまたとないといつも思っていました。

お陰様で建築工学科の学生で光学・熱学・地質学などの単位を取った者は当時私だけと思います。これらは全て夜学で取りました、学校と先生方に感謝しています。

特に地質の講座は面白く、後に「福岡市地盤構造図」の完成に役立ちました。この地盤図については後でその経緯を述べさせていただきます。

昭和二十七年、私が二回生の時です、インドのカルカッタで第一回アジア学生大会があり、日本からも十名ほど学生が参加したとのこと。内一名が大工大から私と同期で電気工学科の学生（四回生の時は学生会長）も代表の一人として参加しました。

その帰国報告会で、「日本の学生の紹介が始まった時、最初侵略国として野次でも始まるかと思っていたところ、会場から一斉の大きな拍手があり、『良く戦争してくれた、日本のお陰で今我われが解放され独立できた』と大変喜ばれた」と報告していました。今の我われは、先の戦争を決して卑下することはありません。戦争した後のいくらかの反省すべきものは当然ありますが。

当時はまだテレビの出始めの頃だったので、文化祭の時、特に電気工学科の教室は子供から大人まで、並んで見学出来るのを待つほどでした。いつも廊下は人で一杯です。わが電気工学科で製作した薬書大のテレビ画面は当時日本最小とかの噂でしたからでしょう、私が見たテレビはもっと小さかったような気がします。

現在どの大学も文化祭といえばバザーとか模擬店ばかり。七年程前ある大学の建築・土木の実験室を見に行きましたところ、いずれの工学部もシャッターが下りていました。情けない限りです。

すべてにおいて、この時期に大阪工大で勉強でき、素晴らしい友人もたくさんできましたことを幸せに思っています。

博多工業高校教師時代、生徒が教師でした

一度だけ喜んだ親父

小年時代から一度も親父とおふくろを喜ばせたことがなかったように思います。

教師をして間もなくの頃、ある名の通った設計事務所に勤務している卒業生が、当時としては大きな特殊建築物の構造計算を依頼してきました。これは今までに例のない建築物で、当時は構造計算の専門書も少なく、専門的に問い合わせることができる相手も身近にいませんので、自分なりにあてでもないこうでもないと日夜考えた末、どうにか構造計算書を完成したことがあります。

依頼を受けた時、卒業生が事務所の方に、「私が依頼する先生ならこの程度の構造計算はすぐに出来ますと言ったので、断られると私が恥をかきます。絶対断らないでください」と言います。

構造計算の途中解析できない点を、当時、新設された国立大学の建築工学の構造専門の先生にたずねようと何回も思ったのですが、私には謝礼を出せる予算もなかったので、とうとう自分だけで完成させました。

この完成までの期間、特に提出前の三日間は全く一睡もしないで、理論と計算に集中しました。この期間も、毎日昼間は授業をしていますので、かなり大変でした。ある漫画で、仕事し過ぎて

西公園から福岡市を眺望（昭和33年）。中央がその特殊建築物。左はＫＢＣのテレビ塔、右は天神ビル

鼻血が出るのを見た事がありましたが、生まれて始めて鼻血の経験を味わいました。不思議なことですが、鼻血が出たあと頭がスッキリするんですね。この建物の横を通る度にいつも懐かしい思いがしました。

ちょうどこの頃、「週刊朝日」に二頁に渡るグラビアで、建設したばかりのこの建物を中心に博多湾から福岡市を一望する写真が掲載されました。これを親父に見せた時、生まれてはじめての大きな私の仕事に対してにっこりしてくれました。私が小さい頃に、「勉強しなくても工作が好きだったら大工さんにはなれる」と、おふくろを慰めていた事を思い出したのかも知れません。この時は馬鹿馬鹿と言っていたおふくろもしばらくその写真をじっと見ていました。

人間誰でも一つぐらい得意なものがあれば、努力さえすれば馬鹿でもいつかは芽が出るものだと思います。難しいものを一つこなすと自信がつくものです。それ以来、たくさんの構造計算の依頼があり、一つひとつていねいにこなしました。それらの経験は後に授業や資格指導の講義にとても参考になりました。生徒にもどこそこの大きなビルは私が構造計算したと話していましたので、生徒も納得しながら授業を静かに聴いてくれました。

構造計算が難しかったこの特殊な建物は築四十五年経ち、近年になって目的に合わなくなり取り壊されました。当時、建物を支持する為の杭には、まだ鉄筋コンクリート杭が一般的でなかったので、広島の沿岸近くの赤松での杭が使われていました。

松杭について少し述べたいと思います。松は針葉樹であり、白砂青松というのは日本古来の風景の美しさの代名詞になっています。しかしこれら松、檜、杉類の針葉樹は、もともと北海道か東北や中央部の山岳地方と広島の沿岸の一部にしかない樹木です。照葉樹である広葉樹は一般には曲がりながら成長するので建設用材にはあまり適しません。それ故まっすぐ育つこれら針葉樹が好まれるようになったのです。ただしこの針葉樹というのは深根性ではないため風や地震での横の力に弱いという欠点があります。日本の樹林帯で災害時によく倒木するのはこの針葉樹です。東北以南の針葉樹のほとんどが後年人口的に植林されたものであり、自然に育った樹木ではありません。

数年前この海岸近くに建ったこの特殊建物の取り壊しを見る機会を得ました。杭の強度はまったく落ちていませんでした。木杭は水中では空気を完全に遮断するために腐食しないのです。

ベニチュアの旧市街地は地盤が弱いので、周囲から切り出した主に樫の木杭をたくさん打ち込んであり、その上に重い石造の建物を載せています。その木杭の数の総本数は文献によると一億～一億三千本と言われています。

私が定年退職する頃までの構造計算書はまだ半数が電卓による計算でしたが、現在は全てコンピューターで処理されています。構造力学を解く苦労はほとんどあませんが、それゆえか、モラルのない耐震偽装の問題などが生じています。

昭和三十～四十年代は、構造によって応力を解析するのに皆な苦労したものです。私の工業高校は福岡市立でもあり、また大学でもないので、気楽にこの解析方法とか地盤構造と基礎との関係など、不明な点でしばしばたずねに来られました。建築ラッシュの時は私を頼って学校に年に十人以上の方が来られていました。後で述べます福岡市地盤構造図を作成できたことや、構造について指導ができ、地域にいくらかでも貢献できたと自負しています。

人は良くて八十五点、悪くても七十五点

若い頃、ある精神病院長の邸宅を設計した事があります。そこの院長が「人間には皆、それぞれ良いところと悪いところを持っています。障害を持っている人は、物事を根気よく成し遂げる粘り強さがあります」と話していたので、参考になるかなと思い、当時担当していたクラスの生徒五十人に対して、百の項目について、私なりに客観的に評価したことがありました。例えば家庭について十項目、成績について十項目、パーソナリティーについて十項目、身体について十項目などで百項目です。評価の項目は全て私が考えました。それらを総計し平均すると驚くことに、良くて八十点、悪くても七十五点でした。

裕福になればなるほど、その資産の保守に苦労するという事を考えてください。友人の弁護士が、本人の死後、二人以上の子供がいる場合、財産分けでの争いの多いこと、この仕事をする時とても嫌になる、と言っていました。あまり財産を持つと、家庭の和や絆は乱れてしまいます。後日、これらの評価資料は焼却しました。

これからの話は私の高校教師時代の事なので、時効にしていただきたいと思いますが、就職や大学進学時の内申書作成時は全員の生徒に対して、成績の悪い者はかなり良く、良い者へは更に良

く書き直し、内申書を郵送する前には必ず生徒に見せていました。

ちょっとした成績ぐらいで人の良し悪しはわからないといつも考えていましたので、人物の評価はいずれも抜群の内容にしました。評価の文章は十種類程前もって作っておき、生徒に選ばせていました。就職時の評価で最も影響するのは欠席・遅刻の数です。その欠席や遅刻数は三分の一と決めて書き入れました。ただし、常時の理由もない遅刻・欠席者にはやかましく叱っていました。

三十歳代の時、私の知り合いで、いつも採用でお世話になっていた中国地方の大手建築会社の社長が怒って「学校から出した推薦書」を持って学校に来られたことがありました。もちろん私が作成した推薦書ではありません。社長は「優秀な生徒を推薦すると言いながら、こんなだらしない生徒を推薦するとは何事か、全国から毎年たくさんの者を採用しているがこんな推薦書をもらったのは始めてだ」と。

詳しい内容は伏せますが、私も推薦書を見てびっくりしました。この推薦書を書いた先生は、この生徒によほど頭に来ていたのでしょう。

この事があった時すぐ思い出したのが、私の小学生時代でした。表面の仕種だけで人を判断しては駄目です。結局この生徒は採用していただきましたが、その後彼が中年の頃に大手の他社から引き抜かれて退社する時は、社員の皆さんから大変惜しまれ感謝されたそうです。

就職斡旋で感心したこともたくさんありました。ある大手の会社に勤めている卒業生と会ったときの事です。夜、地下鉄工事近くの飲み屋で、この卒業生が言うには、一年近くお天道様を見ていないとのこと。それは地下鉄工事のため働くことも、寝ることも全て地下の工事現場内だからだそうです。

もちろん仕事が終わると地上に出てきてこのように一杯飲みますが、その時は日が暮れてネオンが点いてからになると話していました。

元々彼は素直で素朴で田舎から来ている頑張り屋でした。学生時代は、朝は月を見ながら学校に来て、クラブ活動で練習した帰りはまた星空を見ながら家路につくと言っていました。勉強も良くしていましたが、定年前は北九州の支店長になっていました。

「福岡市地盤構造図」の完成は怠けの代償、学者はズル賢い

福岡市の教育制度の一つに、教師の内地留学制度があります。週に一日、希望する所で研修出来るというものです。ただし学校に一切の迷惑をかけてはならず、わずかばかりの補助は出ますが、これは関係の先生か相手方への謝礼となります。

三十歳になる少し前、各工学部の先生の講義や講堂での講演を聴きながら、週一日ゆっくりしようと思い立ち、九州大学に申し出てのんびり通っていました。四ヶ月程過ぎた頃、教育委員会から中間報告を出すようにとの書類が来てビックリしました。面倒な報告書を出すぐらいなら申し出なければ良かったと思いましたが後の祭りです。この時は本当に困りました。色々考えた末、今までに構造計算をしたビルの地盤と私の好きな地質についてまとめようと思いつき、これらを集めたら何か出来るのでないかとひらめきました。

ビルのような建物を安全に構造設計するには、先ず地盤をよく調査し、地震力や固有振動を計算し、それに適合した基礎と建物の骨組みを設計します。そこで市内の地盤の調査資料を多く集めてみようと考えましたが、だけど全く予算がありません。そこで数社の地盤調査会社や井戸屋さんに構造図面ができたらお渡ししますからと約束し、たくさんの資料を見せていただきました。地図上へのプロットや断面図の制作は実習時間に生徒に手伝ってもらい、年度末にどうにかやっと完成し提出することができました。

この図面を当時（昭和三十九年）、福岡県高等学校工業研究会、「研究と報告」三号で発表したところ、その後、設計関係や土木関係のたくさんの方が、学校で発表したものより詳細な内容や状況についてたずねに来られるようになりました。

その後（昭和四十二年）、日本建築学会では少し改良して出版しようと言う事になりました。しかし出来あがった立派な本を見て驚いたことに、当時私はしがない高校教師だったからでしょう、私の名は最下位にあり、上方に記載された先生には聞いたこともない教授や役人の局長の名前が二十名ぐらい載っているではありませんか。この地盤図の資料は皆な私が苦労して集めたものです。業界の地図を見たような気がして勉強になりました。学者や地位ある役人は怠け者と言うよりズル賢い者が多い。

さらにこの図に従って北九州市、熊本市と拡大し、今では全国の大都市にこの地盤図があります。これら都市地盤図の発祥は私の怠けから始まっています。誰だって窮地にたてば、良い案も生まれ実行も出来るものです。

工業高校の教師時代、これによく似た経験がありました。福岡県の工業学校は、私が赴任した当時から障害者の入学を拒否してきました。障害者は工業には危険で不向きだと言う理由からです。根拠は希薄ですが、そのような理由から、毎年入学試験前には厳しい五種目の身体検査が実施され、この身体検査に合格して初めて受験できるのです。

その後、時代の変遷と意識の改革もあり、この制度を廃止する事になり、私も全国各県の現状を調査しましたところ、このような障害者を排除する制度は福岡県だけだということがわかりました。関係の教育研究会にも報告し、いよいよ廃止の段階になりつつある時、この年に来たばかりの校長が、調査を申し出た当初は「障害者の検査制度は県の制度だから検査するのが当然」だと嫌な顔をして反対していながら、「私の力で来年度からこの制度を廃止する事になりました」と会議で滔滔と報告された時はみな驚きました。

公立高校の多くが、一部の先生の顔写真を永久に掲げています。またある学校では、目立つ所に自分の作品である絵画や彫刻を退職された後も飾っています。先生は社会人ですから、それぞれの分野で研究発表すべきでしょう。

公立学校は市民のためにあるのです。在校生、卒業生の向上を図るのが目的でなければなりません。私を含めて人間はみな、謙虚さがたりませんね。

金を借りるな、借りるぐらいなら貧乏せよ

お金を借りた人は借りたのを忘れる

私はボーとしているからでしょう。特に若い頃、色んな方から「金を貸してくれ」との相談がありました。でも、そのほとんどが返済がありませんでした。返済を催促すると、いずれも顔色が変わりこちらが恐ろしくなります。一度だけ戻って来ましたが、それも睨みながら投げるように渡されました。

工業高校を卒業して、聾学校の工作の先生で赴任したのは十八歳の時です。当時の初任給は三九〇〇〇円でした。寮の昼食費が六〇〇〇円（脱脂ミルクとコッペパンのみ）、夜学（筑豊高校の定時制）の月謝と朝夕の食事を差し引くと一〇〇〇円も残りません。

それでも将来大学に行く為少しずつ貯金をしていました。学校の宿直室に寝泊りしていたことが幸いし、当時組合の先生達のお陰で、年明けて宿直費としてまとめて一万円ばかり入りました。これで大学の受験料が出来ると喜んだのも束の間、その数日後、若い女の先生からミシンを買うので一万円貸してくれと（当時のミシンは高価でした）相談されました。いやとも言えないし一万円貸すことにしました。

私は大学に進学できましたが、彼女はその後結婚され、連絡することも出来ません。諦めていたこともあり、いつの間にかすっかり忘れていましたら、私が五十歳のころ勤務先に「会いたい」と電話があり、お会いしましたが、この事はすっかり忘れているのでしょう、一言もその話がでません。あれから六十年程たちます。お金は要りませんが、一度は彼女のためにも思い出していただきたいと二度手紙を出しましたが、未だに何の返事もありません。誰でも貸したことは忘れませんが、借りたことは忘れるようです。

お金を借りる人は一般に責任感がない

学生の後半でした。私がガラス工場のアルバイトで苦労して貯めた金を、彼女とスキーに行くので、一万円を少しの間貸してくれと頼んだ友がいます（当時の下宿代は二食付で六〇〇〇円）。彼の実家は出身県では上位の土建会社でした。その後、教室で会っても知らん振りです。出来るだけ私を避けているようでした。彼は卒業延期になったようで、卒業式には来ませんでした。親父の亡くなった後、社長になりましたが、こんな性格だからでしょう間もなく会社は倒産しています。

教師をして間もなくの事です、月給九〇〇〇円の時代、九州出身の学生時代の友は、親が反対し駆け落ちして困っているから五万円貸してくれと頼みました。博多駅を列車で通るからとの連絡でしたので頼まれて貯金を下ろし駅まで持って行きました。その後なんの音沙汰もありません。三十年ばかり後「儲かったら一千万円にして戻せ」と言ってますが、それっきりです。

彼は卒業二年程前、卒業できそうもないので私の下宿において

くれと転り込んできました。素人の下宿屋さんですが、無理にお願いしました。狭い部屋でしたが準備していただきました。でも、彼は毎日パチンコばっかりです。

彼の実家は大きな建設業です。建築学科は最後に卒業設計（四年間の集大成で、提出日時の期限が厳格）という大きな提出物がありますが、彼の卒業設計（構造計算）の九五パーセントは私が教えながら仕上げることになりました。卒業数年前から試験の時はいつも私の横です。卒業式では「お前のお陰で卒業できた。この恩は一生忘れんから」と言っていましたが、とんでもありません。卒業式の夜でした「大阪工大の卒業でなく、東京工大なら嬉しいんだけどな」と、呟いていたのには何と言ってよいか。

お金も大事だが、教えていただける事はもっと大切

若い頃は皆が貧乏でした。山の友が結婚するからと、五万円ばかり貸すことになりました。その翌年、私が結婚するときは一、二万円ほどの洗濯機で代替されました。彼は奥さまの亡き後、肺癌で闘病生活をしています。一昨年、あといくばくもないので独身時代の彼女の旦那の名前は知っているからと、東京在住の彼から電話番号を調べてくれと連絡があり、住所と番号を調べました。尋ね人は日本の西端の古い港町にいました。男は皆寂しがりやですね。

一般に技術屋は頭が凹く融通性のない者が多いと言われています。その代表的な者が私でしょう。でもこの寂しがりやの彼は大手の新聞記者で、さすがに知識も豊富で、考えの範囲が広く、私より数年若いのですが、昔から山や、盃を通し色んな事を教えていただきました。奥様の元気な頃、お礼の気持ちでご夫妻を箱根にあるチャップリンも宿泊したことのある老舗のホテルに招待し、ご夫妻には元米大統領アイゼンハワーの泊まったことのある部屋に泊まっていただきました。この方にはとても感謝しています。

三十五歳の中頃、山の友で、ある学校の教官が南米の氷河をアタックするからと頼まれて三十万円貸しました。しかし彼は届けなしで山に行ったので、帰国すると退職することになりました。

退職後は事務機の会社に勤め、登山を続け、山の会仲間で有名になり、四十五歳の頃にある山岳会を代表し「ヒマラヤのある高峰」のアタック隊長になりました。

当時はヒマラヤ登高もまだ珍しい時期で、映画にもなり、帰国してからは日本各地で講演していました。その途中私に一度だけ「迷惑かけたな」と軽く言っただけでした（先の三十万円の内、半分ぐらいは高価な事務機などで代替された）。五十歳の頃交通事故で他界されたが、彼とは最初山の会で穂高岳に登った仲です。

二十五年ばかり前です。店を開店するのでと、夫婦二人が、どうしても不足している一五〇万をと頼まれ貸しました。期限を大幅に過ぎていますので、旦那に何回か催促しますと、最後にはあれは家内が最初に相談したのだから私は知りませんと言い訳します。奥さんは、子供が病気しています、主治医は名古屋で交通費もやっとですと泣かれます。これにはどうしようもありません。あとで別の方から、一人息子さんが血液の癌で亡くなったと聞きましたが、今は住所もわかりません。

真面目な、ある県立高校の先生でしたが、頼まれ三十万円貸し

ましたが一向に戻さないので催促しますと、約束から半年過ぎ約束の喫茶店に現れ、お礼も何にも言わず少し顔色をかえ睨むようにして、封筒に入れたまま投げるようにテーブルの上に置き出て行きました。その時は怖かった。人に聞いてみると「女遊び」で色んな方から借金をしていたそうです。今でも女遊びが続いているると聞いています。でも金を貸し、まともに戻って来たのはこれだけでした。この外、未返済の話は限がありません。

私は単純な人間です

これは、笑って読んでください。私は二人の若い女性から「先生は単純ね」と同じことを言われたことがあります。四十歳の頃、ある若い娘さんからドライブに誘われました。しばらくしてこの娘さんが結婚する直前、「先生は単純ね」と言われました。当時、何のことかわかりません。

建築しか勉強していない俺だから、どうせ単純なので仕方ないぐらいに思っていました。それから三年たった頃、他の娘さんからドライブに誘われました。この娘さんも結婚直前に同じことを言いました。そして最後に「あの時は誘わなかったね」と言った時、初めてドライブの意味がわかりました。

結婚して一年も経たない二十九歳の時です、中洲で三歳年上のバーのママさんから「新車を買ったので、三日ぐらいで九州一周しよう」と誘われました。当時は小さなバイクの免許しか持っていません。男が乗せてもらっての旅行もおかしいからと断りました。「女から誘うのはよっぽどのことです」と凄く叱られました。酔っていたからでしょう、小指を強く噛まれ、千切れたと思いました。何があったのか定かではありませんが、しばらくして店をたたみ京都に行かれました。

一般的に公務員はアルバイト的な副収入が入れば、遊興費に使う。研究費等に使う者は稀です。私は、皆様のお陰で数冊の本を出版することが出来ました。

まさに「人間万事塞翁ヶ馬」です

「塞翁が馬」とは面白い話です。

三十歳の終わり頃でした。九州一円で色んな資格指導をしている資格協会があり、私も九州各地で講義をさせていただいていました。ここの依頼で大分の商工会議所で、八回ばかりある講義をしていた時、残り三回を残し、その会社が倒産しました。当然、私の講義料も旅費・ホテル代も出ません。それで、家にいましたら、受講生（五十数名）の代表から困っていると電話がありました。講義出来ない理由も申し上げましたが、男気を出し残りの二回を行くことにしました。所謂、尻拭いをしたわけです。

こんなことも時にはあるさと思いながらも、私は人間が未熟なものですから、最後の帰りの列車では、随分損したなとかなり頭にきていました、博多駅では焼け酒を飲みました。

でも資格協会の業界では口コミで、この時代珍しく「尻拭いをした先生」がいると評判になったようです。それ以来紹介から紹介、更に紹介で関西、東京、果ては札幌、沖縄までいろんな講義の依頼が来るようになりました。お蔭様でこの数年前まで続きました。私がどこに行ってもたくさんの資料をつくり、工業高校の生徒に話すように講義します。博多弁でわかり易く話していたのも良かったのかもしれません。また受講生の方は異口同音に、われわれは合格するのが目的で、有名大学の先生の特別難しい理論を聞きに来たのではないと言っていました。それ故、しがない高校教師でも助かりました。まさに「塞翁が馬」でした。

受講希望者を集め、講師を招き商いをしている所謂「資格商法」、これら民間の資格講習の色んな会社から様々な講義の依頼があり、日本各地に行きましたが、講師料の未払いもありました。月末に支払いますとか、後日銀行に振り込みますとかと、これらはほとんど送られて来ません。

講義といっても結構重労働です、前日は宿泊し、その日の講義は立ったままで、午前三時間、午後三時間、終わると翌日は学校に出勤しますので、その日にバスや列車・飛行機などで帰ります。研究や資料作りまで入れると時間もいるし、結構疲れるんです。

金沢市でのこと、五回程の連続の最後の講義料と軽費を振込まないのでこの資格協会に何回か催促したとき、「俺はヤクザだ」と言って脅迫した未払いのものもあります。また未払いのまま倒産した会社もいくつかありました。

このヤクザと言った者ですが、いい加減な商いばかりしているようです。それから五年程して、宮崎で六十名ばかり受講生を集めているから、未払いの分は即支払いますから是非にと、最初の講座の数日前に、五回ばかりの講義をと泣くように依頼されました。勿論相手にしませんでした。こんな事ばかりしているのでしょう、受講生は集めたが、誰も講師を引き受ける者がいなかったのだと思います。

若い頃で、資格指導の講師は実務的な講義が必要ですが、協会が受講生を募集するときは、講師は大学の教授とした方が受講生は集まります。こんな事が二度ありました。いつもお世話になっている協会からある大学の海洋土木の講師がヨーロッパに行き、都合が出来、帰国されないので替わりに「鹿児島に土木関係の講座に行ってくれないか」と土曜日の夕方、係りの方が来られたことがあります。当時私は若く、建築のみで精一杯でしたので、日曜日の講義は関係外の講義で無理ですと断りました。でも係りの方はとても困り、玄関に土下座して頼まれ、私もついには受諾しました。それから徹夜で専門書を開いての勉強です。翌日は早朝の急行列車の中でも専門書を勉強しながら、五時間後、鹿児島に着き、やっと午後の講義に間に合いました。私も必死でした。

私の講義は一回で終りましたが、その後の講義の中で何回か「わかり易い博多の先生を呼んで来い」とブーイングが起こったそうです。この資格指導はいかにして短時間の中でわかり易く理解させるかがポイントです。

かなり後のことですが、ほぼ同様のことが京都（ある大学の土木の先生）が担当の講座でもありました。その時は、ほぼ「土木」については理解していましたから楽でした。その時もその後も「博多の先生を呼んで来い」とブーイングがあったそうです。

「資格指導の商いは基本的には真面目な方が多いけど、この商いは誰にでもできますから、中にはヤクザか詐欺師みたいな者も結構います。五十五歳の頃、福岡県行橋市の警察から、私の留守の時、学校の事務室に電話があり、私が他の一人と組んで詐欺をしたと言うもので、「講師は建築士試験委員をしているので答えを教えるから絶対合格間違いありません」と一人二十数万円を二〇〇人以上から集めて講義をしなかったと言うのです。

これには本当に困りました。私が留守の間のことで、「悪事千里を走る」のたとえのように学校で皆の噂になったようです。

この「資格指導」は人格や技術を磨くことに繋がりますからとても良い仕事です。資格取得希望の受講生を多く集めることは難しいと思いますが、よく研究し運営すれば、皆に尊敬される最高の仕事です。私がお世話になった大阪と京都の協会はいつもの講座に受講生が毎回五十～一五〇人以上はいたし、この内の一割は三〇〇人以上いました。また福井のある資格協会は十数年近く、コンスタントにたくさんの受講生のための講座をもたれています。この仕事をされる方の皆が誠実でほしいと、希望しています。

後かたずけの出来る人は責任感も強い

私の長い経験から、金のことを「キチット」出来る人は、若い頃から常に自分の周囲を整理整頓し、どんな仕事でも「あと片付けの出来る人」のようです。意味は少し違いますが、「立つ鳥跡を濁さず」です。

これの出来ない人は人生設計も努力も最後には水泡に帰します(定年後のことです、いろんな工業学校に非常勤講師として行った事がありますが、ある学校の実習室はまるで倉庫のようで、同じ工業高校教師として直していただきたい)。

私が工業高校で生徒指導部の係りをしていた頃です。この指導部は市内の学校間の連携がとても必要になります。ある学校にとても厳しい校長がいました。例えば喫煙やカンニングを二回見つかれば即退学とか、万引き喧嘩も場合によっては即退学とか。

一度親を呼んで停学を言いつけた時、やや病気ぎみの親だったと思いますが、心臓発作で亡くなったと聞いています。戦時中からの先生ですから、厳しさもある程度はわかります。指導には信賞必罰も必要ですが、でも人間、過ちもありますから、指導できるものならば指導に専念するのも教師でないでしょうか。

「先ず隗より始めよ」とことわざがありますが、聞くところによりますと、この校長の息子（ある地区の学校教師）は歳四十前で、既に四回の離婚暦があり、その後も何度か離婚してあると聞いています。学校も休みかちで、五十代半ばで一応の名目では自主退職されたそうです。

家庭と職場は別とは思うけど、人を処分する前にもっと自分を律することが必要でしょう。

日本人最初のノーベル賞をもらえなかった医学博士

私が若い頃、九大医学部精神科の先生の邸宅を設計したことがあります。この先生はノーベル賞をもらなかった、という、とても有名な方です。

ある日お世話になっている精神科病院の先生の紹介で、この先生の研究室に行きくと、実験の終わったばかりの実験室に「猫」の首が二十個ぐらい棚に並べてあり、部屋は血の匂いで一杯です。

夏休みの期間でしたが、部屋には当時ですから換気とか冷房装

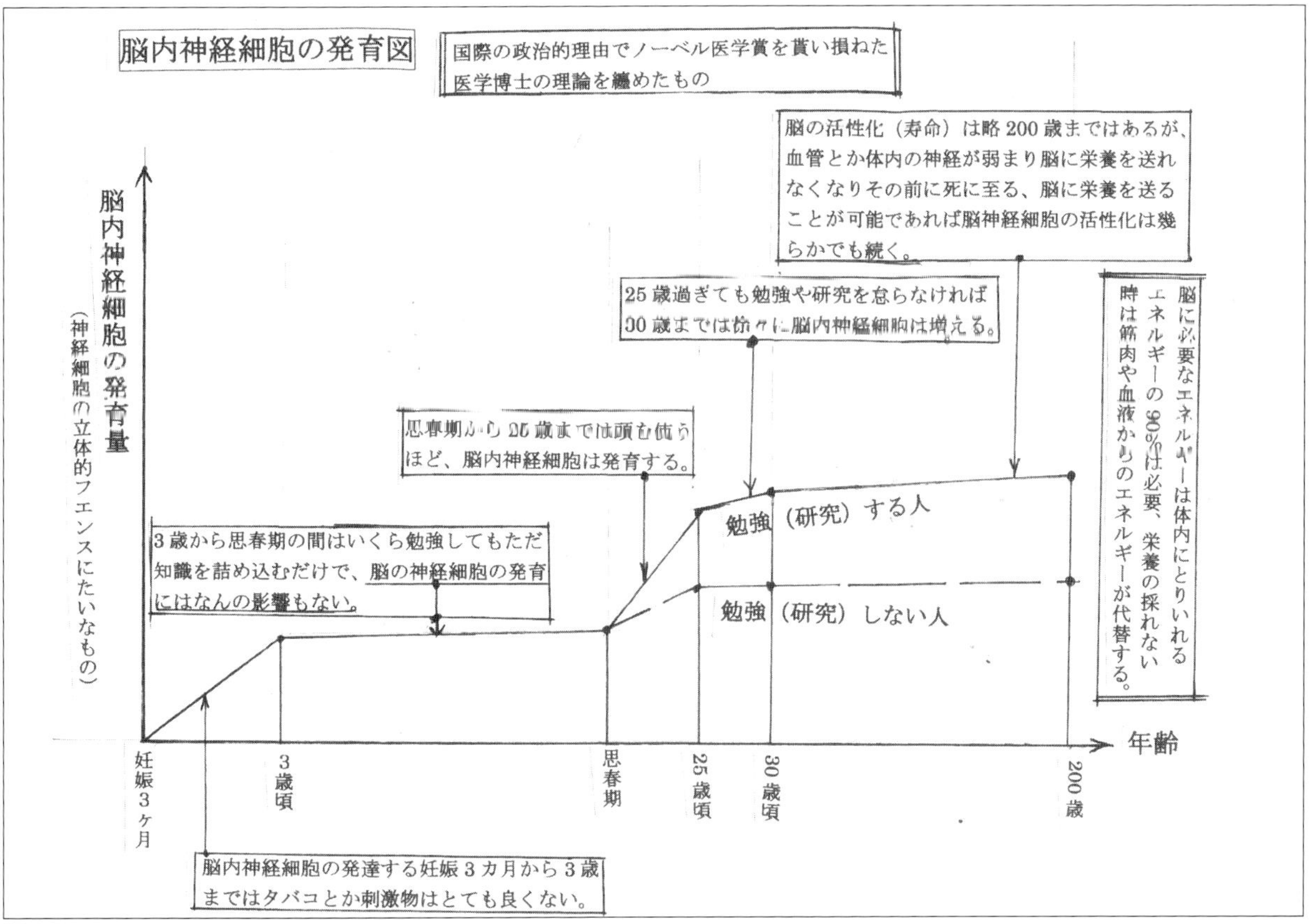

脳内神経細胞の発育図
国際の政治的理由でノーベル医学賞を貰い損ねた医学博士の理論を纏めたもの
脳の活性化（寿命）は略200歳まではあるが、血管とか体内の神経が弱まり脳に栄養を送れなくなりその前に死に至る、脳に栄養を送ることが可能であれば脳神経細胞の活性化は幾らかでも続く。
脳内神経細胞の発育量
（神経細胞の立体的フエンスにたいなもの）
25歳過ぎても勉強や研究を怠らなければ30歳までは徐々に脳内神経細胞は増える。
脳に必要なエネルギーは体内にとりいれるエネルギーの90%は必要、栄養の採れない時は筋肉や血液からのエネルギーが代替する。
思春期から25歳までは頭を使うほど、脳内神経細胞は発育する。
3歳から思春期の間はいくら勉強してもただ知識を詰め込むだけで、脳の神経細胞の発育にはなんの影響もない。
勉強（研究）する人
勉強（研究）しない人
年齢
妊娠3ヶ月
3歳頃
思春期
25歳頃
30歳頃
200歳
脳内神経細胞の発達する妊娠3カ月から3歳まではタバコとか刺激物はとても良くない。

人の脳内神経細胞の発育図

置はありません。どれも頭骨が少し開けられ端子が数本刺してありました。後でお聞きしたことですが、脳の活性化している期間は首を切断した後二分間だそうです。その間に色んな実験をするそうです。これを見た時ビックリしました。

先生は、世界最初に「脳」の構造を、弱い電流の流れ（今みたいにコンピューターはありませんから、先生は弱電の装置から研究された）を用い脳内部を解析された方です。

先生がこの研究をされた当時は、日本が中国を侵略中で、南京大虐殺も重なり世界から日本人がとても嫌われていた時です。日本人にノーベル賞をやるなとの理由で、この理論は臨床実験したヨーロッパの先生がもらう羽目になったそうです。でも世界の医学の教科書にはこの先生の名は載っています。戦後、九大で国際精神医学界が催された時、挨拶した東大総長や九大学長には誰一人として挨拶する者はいなかったが、この先生には世界の学者が皆な握手を求めたそうです。

この先生が当時言っていたことは、「人間の脳は二〇〇歳の寿命があるが、血管や神経が早く衰えて、脳に栄養を十分与えることができなく早く死に至ります。医学が進みこれらを解決すると、いずれは二〇〇歳までは可能」だそうです。高齢になっても、「いつも若い頃を思い出すことだけでも効果があります。出来ましたらそれらを文章にするとなおよいです。それがいつまでも若さを保つことができる要因」と言ってました。

またこんなことも話してました。脳細胞（立体的フエンスのような構造）の発達は妊娠三ヶ月から始まり、三歳で終わる。幼稚園・小学校時代いくら勉強しても、脳内の神経細胞の発育は良くならず、ただ詰め込んでいるだけです。二次の発達は思春期に始まり二十五歳まで続き、あとは三十歳まで徐々に続きます。でも三十歳過ぎても頭を使う（金や困った悩み事はダメ）といつまでも衰えることなく、少しずつですがいつまでも脳の構造の活性化が続きます。その他色々と教えていただきました。

当時説明していただいた脳構造も現代の脳構造もほとんど変わりません。医学も脳に関してはあまり進歩していないようです。

この先生を紹介した方は、私が当時、福岡市内にある精神病院長の邸宅を設計した院長さんです。この先生からも精神医療についてずいぶん教えていただきました。私は若くして設計を通じて良い先生にめぐり逢いました。ありがたく思っています。

この病院の先生の邸宅設計を紹介したのはある小さな工務店でした。家が完成するすこし前でしたが、神風特別攻撃隊の話が出た時、隊員のことを先生が「自分を見失った軽率な者や、思慮のない者が志願してみな死んだ」、いやそれ以上のことを言っていて、身をとして散華した特攻隊員に畏敬の念を持っている私は頭にきたので、控えめながらいくらか反論しました。

これが良くなかった。それ以後一切声がかからなくなりました。紹介した工務店は邸宅の完成後すぐに倒産しましたので、先生との約束の設計料はもらえなくなりました。私も当時公務員のアルバイトですから、控えめに一度は請求しましたが、それ以上はしませんでした。理論と実践は別のようです。

死を前にすると皆な寂しくなるようです

長年患っている小学生時代からの工業高校の同窓生なので寂しいだろうと思い、彼の希望もあり、年に二度は見舞い行っていました。

ある時、電話があったので出てみると、何だか声おかしいのでたずねてみますと、酸素を吸入しているとのことでした。とても寂しかったのでしょう、数日後見舞いに行きましたが、喜んだのですが、とても落ち込んでいました。

しばくして奥様から葬儀の知らせがありましたので、生前取り交わしていた弔文を先に私が読むはめになりました。

彼はとても勉強家で、病弱ながら長年「古文」の研究家でした。ある時、テレビ番組の「なんでも鑑定団」のなかで、古文書のあの読み方は間違っていると指摘した事もありました。

先日、四国のツアーで行ったとき、俳句の「正岡子規」の生家を見たとき彼を思い出しました。竹馬の友が先立つことは寂しいことです。

同じく工業高校の友ですが、あまり付き合いがなかったのですが、やはり死に直面すると寂しいのでしょう、ある時初めて電話がありました。出てみると細い寂しい声で「病院の無菌室」からだと言っていました。しばらくして亡くなりました。

福岡市の出身で市内に住んでいて、奥さまが先に逝った独りで生活している大学の先輩の方から電話がありました。出てみると広島県内の病院からでした。

内容はこれも寂しい声で「子供の所に来ました、もう博多には帰れん、これが最後と思うのでお前に電話した」との事でした。他界する時の気持ちがこの歳になりよくわかるようになりました。

住まいに貢献された建築家

清家清先生（トイレにドアーのない私の家）

日本にも私が尊敬しています建築家がいます。元日本建築学会会長の清家清先生です。先生の名字は上から読んでも下から読んでも漢字は同じです。

先生の設計はミニマムな木造モダニズム（現代主義）住宅で有名で、「住は家族の住まう容器」と住宅を簡単で的をえた表現をしています。一九五三年に造られた先生の自宅「私の家」は戦後住宅建築の名作と言われています。当時は国民の皆が、やっと極端な貧しさからやっと抜け出したころです。当時私も大学で建築学を学んでいました。

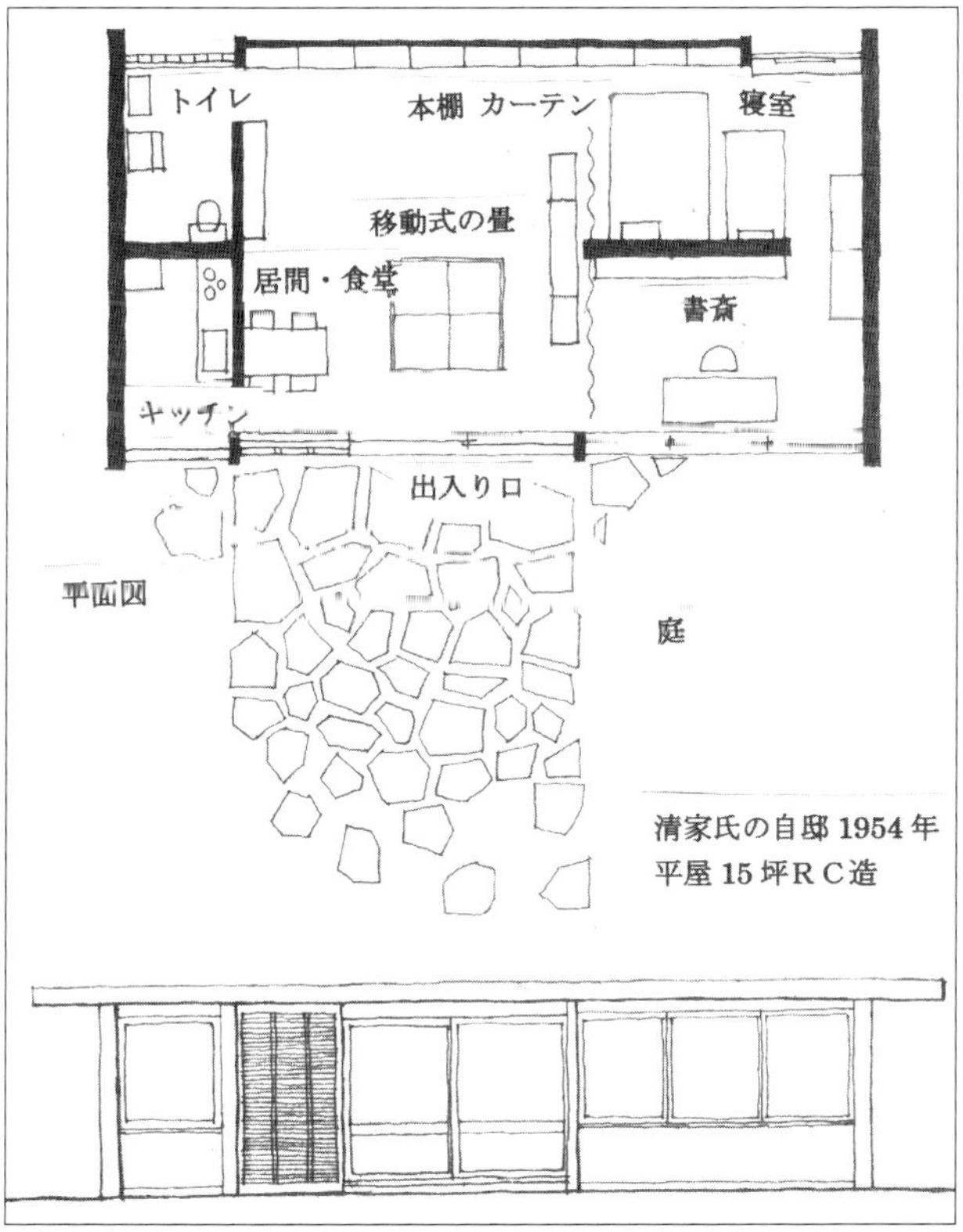

清家清邸、1954 年

自宅は平屋、十五坪の鉄筋コンクリート造りで、今の住宅からして見るとなにやらしょぼい感じですが、しかし戦後日本のワンルーム住宅の系譜はここから出発しています。それはワンルームを最小限の間仕切りで軽く区切ったシンプルな平屋住宅です。この「私の家」はトイレのドアーさえ省略されました。理由は、夫婦にプライバシーはいらない、すなわち「夫婦は一体」で家族の中で隠し事も要らないでしょうといったものです。カーテン・家具・移動式の畳は、生活の仕方に合わせる発想で全く古さを感じさせません。移動式の畳には、下にキャスターが付いています。鉄筋コンクリート造りにしてこんな軽快な開放感はミース・ファンデルローエ（ドイツの建築家で近代建築家の三大巨匠の一人）に通じるものがあります。

戦後という解放的な時空にあって、自分達もアメリカ的な夫婦のあかるさをと思われたのでないでしょうか。

南に面した大きな窓が出入り口で、玄関はなく、トイレにも室内にもドアーがなく、四畳の畳は移動式で、完全な一室住居となっています。玄関がないので、室内も庭の石畳と同じで、内外ともに同じ雰囲気をだしているため、庭と室内の一体感が生まれ、住居の狭さの解決がはかられています。

戦前にすでに機能主義にもとずく、すなわち機能によって各室を設けるモダンリビングは建築家達によって成立していました。

けれどこの夫婦のためのモダンリビングは戦前の中産階級のためのものでしかありませんでしたが、一般性の夫婦中心の戦後モダンリビングを目指したのが、先生のこのワンルーム住宅「私の家」であったのではないでしょうか。

先生が設計された住宅では、夫婦の寝室・便所以外は、団欒や食事の外、すべてを一つの空間にすることを勧めています。設計された住宅の子供部屋は、簡単なカーテンや建具か家具で仕切っています。先生のあらゆる設計をみますと、勿論子供部屋は都合により自由に空間を変えられます。ある人はこの設計理論は子供の落ち着きをなくすと言う方もおられますが、先生は家族の間では、先ず隠し事のない団欒を優先させなさいという理論です。先生のワンルームの変化を持つ融通性と、なによりも家族の団欒を強調されているのが特質です。

ニートの存在する現在、私の考え方をもし入れていただけるならば、団欒あってのことですが、親を、先祖を、ひいては人間性を尊重しあうものが、今少し必要でないかと思います。

もしこの住まいの設計理論に小さな仏壇でもよいので何らかの形で、どこからでも見える位置に置くならば、今問題になっているニートや、親と子の絆がより深くなり、家庭の不和もそれらがいくらか解消されるのでないかと考えています。

ル・コルビュジェ（住いは住むための機械）

戦前から戦後に活躍したスイス生まれのフランスの画家でもある建築家、ル・コルビュジェは「住まいは住むための機械」と言ってのけました。

この機械という言葉の響きが、なにやら非人間的な冷たい印象を与え、誤解されることもありますが、その意図は、設計の自由度を高めて、新しい生活スタイルに柔軟に対応し、明るく快適で、健康的な住環境を造ろうとしているのです。そのことが彼の著書『建築をめざして』で述べた近代建築の五原則です。それは「ピロティー・屋上庭園・水平に連続する窓・自由な平面・自由なファサード（立面）」。

これらは、建築の原点であったと言っても良いでしょう。

私達が学生の頃、ル・コルビュジェのこの思想に憧れたものです。当時コルビュジェを語ることが建築科学生のステイタスでもありモダンなスタイルでもありました。

彼は当時、ヨーロッパでの建築家の都市に対する否定的な態度、田園への逃避的な態度をやめさせ、都市そのものへ積極的に関心を呼び戻させるために「太陽の都市論」を発表しました。そして一九三〇年にパリー改造計画を発表しました。その中で、都市の中に充分な空地を獲得するため、地上を壁でふさがない一階をピロティー（柱のみ）のみにすることを考案しました。

特質されるピロティーとは地表を開放して、外部と有機的につなぎ、庭や駐車スペースとしてつかおうというものです。そしてこれらは鉄筋コンクリート構造法の可能性から生まれたものです。パリー改造計画を発表する前の一九一四年、彼はドミノ・システム（基礎・柱・スラブ・階段から組みたてたもの）を考案しています。

驚くことにはル・コルビュジェのこのドミノ・システムが発表

サヴォア邸。パリー郊外、1931 年

される十数年も前、長崎の軍艦島ではル・コルビュジェの理論を無意識の内にたくさん建築しています。

当時はこのように、構造材の急激な変化や、生活環境の急激な変遷の時代ゆえ「住まいは住むための機械」と自論を述べたのであって、彼の作品を見ると、充分に自然との調和や、家族の融和を取り入れています。とにかく彼の造形的特色は誰でも容易に模倣できる普遍性を持っていたので、当時の私達学生にも理解しやすく、大き

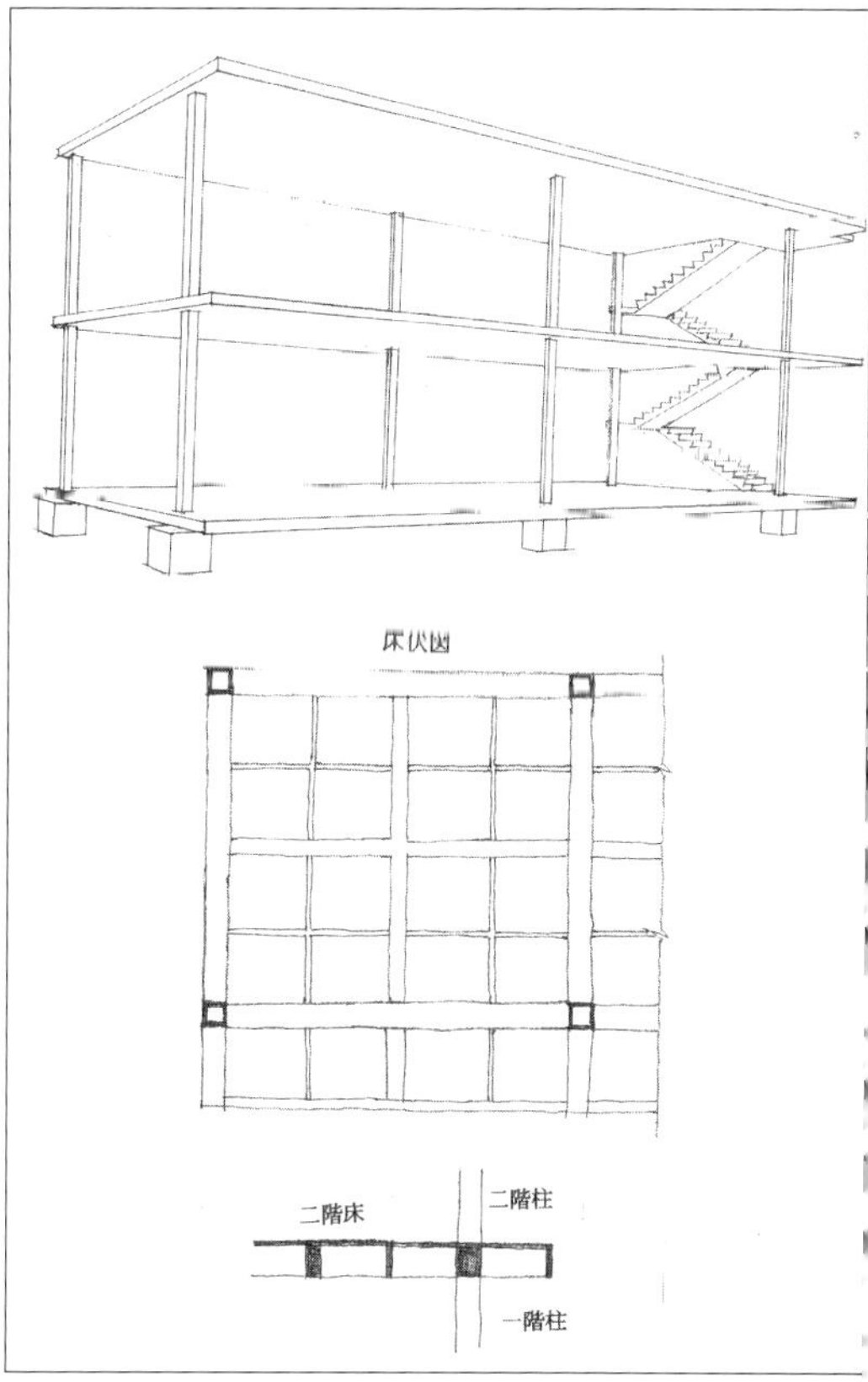

ドミノ・システム、1914 年。鉄筋コンクリート造の発達により、ドミノ・システムが可能になった

な影響力を持っていました。

ル・コルビジェは建築を重力から解き放ち、生活空間を大地から切り離してしまいました。大地から切り離された生活空間は、風船のように今にも大地から飛び立とうとしているようです。ピロティーを全面的に採用することにより、オープンスペースとなった地上一階部分を公園緑地や道路交通網にして再利用しよう、そうすれば、都市はもっと緑豊かになり、交通渋滞も解消するだろうと彼は言っています。

このピロティーを日本で戦後効果的に取り入れたのが「広島平和記念館陳列館」でしょう、この場合、廃墟から立ち上がってくる逞しい姿となっています。それは原爆ドームをむこうに見る巨

軍艦島のＲＣ造の一部

大なピロティーとなって大地から生い立ったようです。それは混沌とした原始の世界から生まれでた古代日本の象徴として伊勢神宮の高床、太い棟持柱への共感となって、私達の胸によみがえってきます。

さらにドミノ・システムのように壁をすっかり重力から解放して、部屋を自由に間仕切りますと、外観デザインも自由にすることが出来、太陽光も家の隅まで取り入れることができるのです。またこの

構造は、屋根をフラットにして「屋上庭園」を造るようにと提案しています。

これら五原則を実現すれば、大地から切り離された生活空間であっても豊かな緑も太陽光もふんだんに享受でき、しかも都市機能はより充実する。それこそが理想の近代生活を実現する建築空間だと彼は言っています。図のサボォワ邸は、そのプロトタイプといって言ってよいでしょう。

「太陽の都市論」を発表して以来、世界の歴史の浅い都市、再開発された都市は、どんどん同じ風景になっているようです。

近代化の都市には、大地から切り離された「サボォワ邸」に、その原風景があるように思えてなりません。

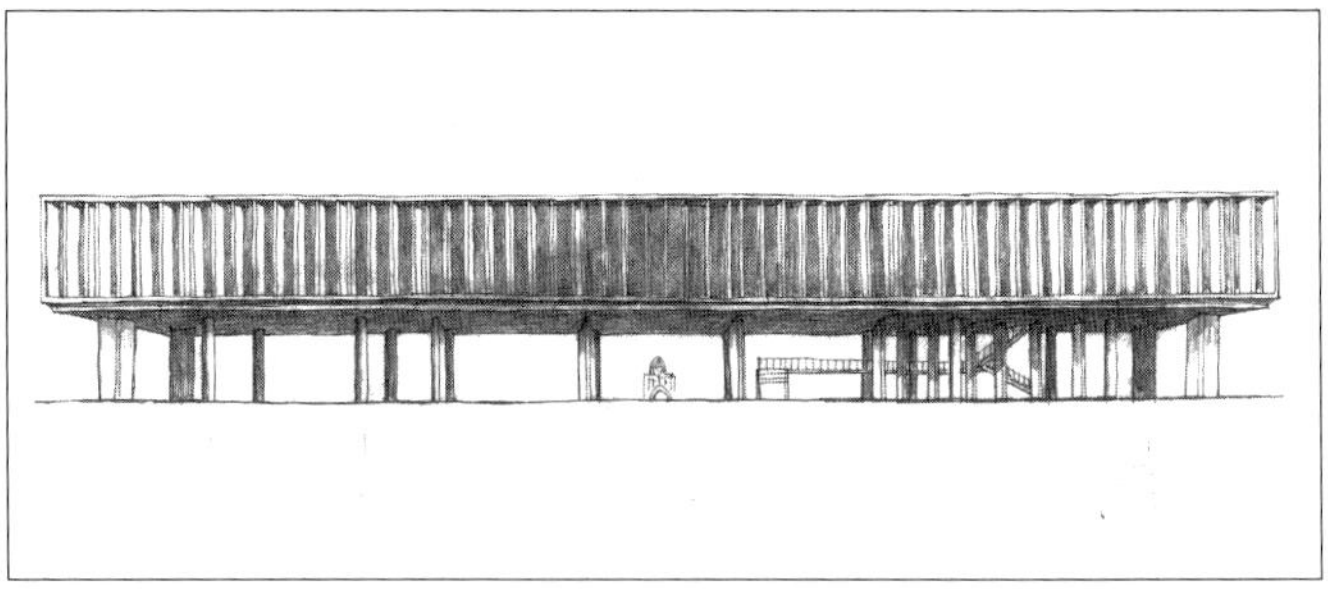

広島平和記念館陳列館。丹下健三・浅田孝・大谷幸夫設計、1955

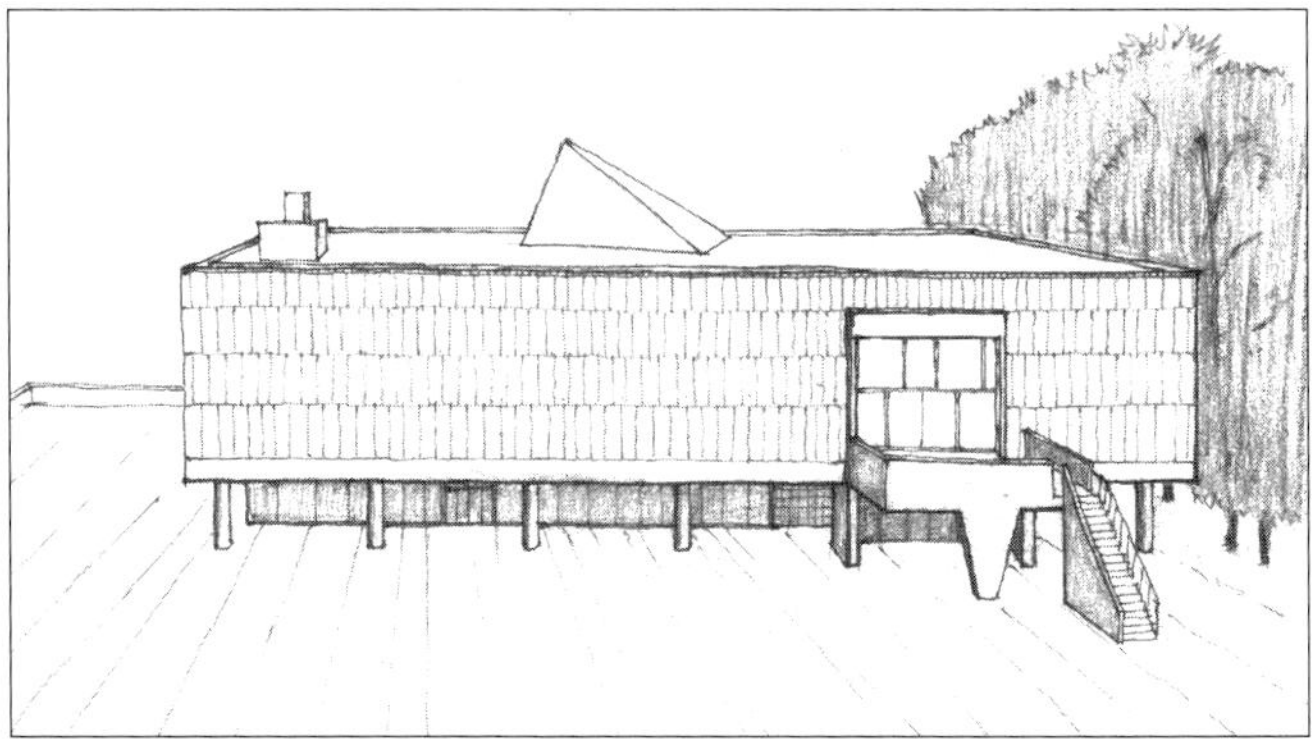

国立西洋美術館。1959 年、鉄筋コンクリート造、地下 1 階、地上 3 階、建築面積 1,600㎡

彼は戦後ニューヨークの国連本部の建築顧問になるほか、世界の現代建築の動向に大きな影響をあたえて、日本にも彼の設計で東京の国立西洋美術館があります。

でも彼のこれら素晴らしい建築思想も、現在の多様性をもつ複雑なわが国の現状には相容れないものになったように感じます。特に日本ではこれからの住まいに、便利さとか機能オンリーでない、何か心の拠り所が住まいの中に必要になりました。それは神であり、仏を安置してある仏壇でないかと思います。

デザインや機能のみを住まいに追及している現代の建築家達は、古い仏間造りの慣習や、あまり意味もない構造以外のデザインから脱却し、過去の質素で豊かであった生活を今一度振り返って住まいを考えていただき、できれば仏壇か神棚を自然の形で取り入れた住まいを考えてほしいと思っています。ちなみに私の研究室は、一階は柱四本、二階は両側に跳でしています。

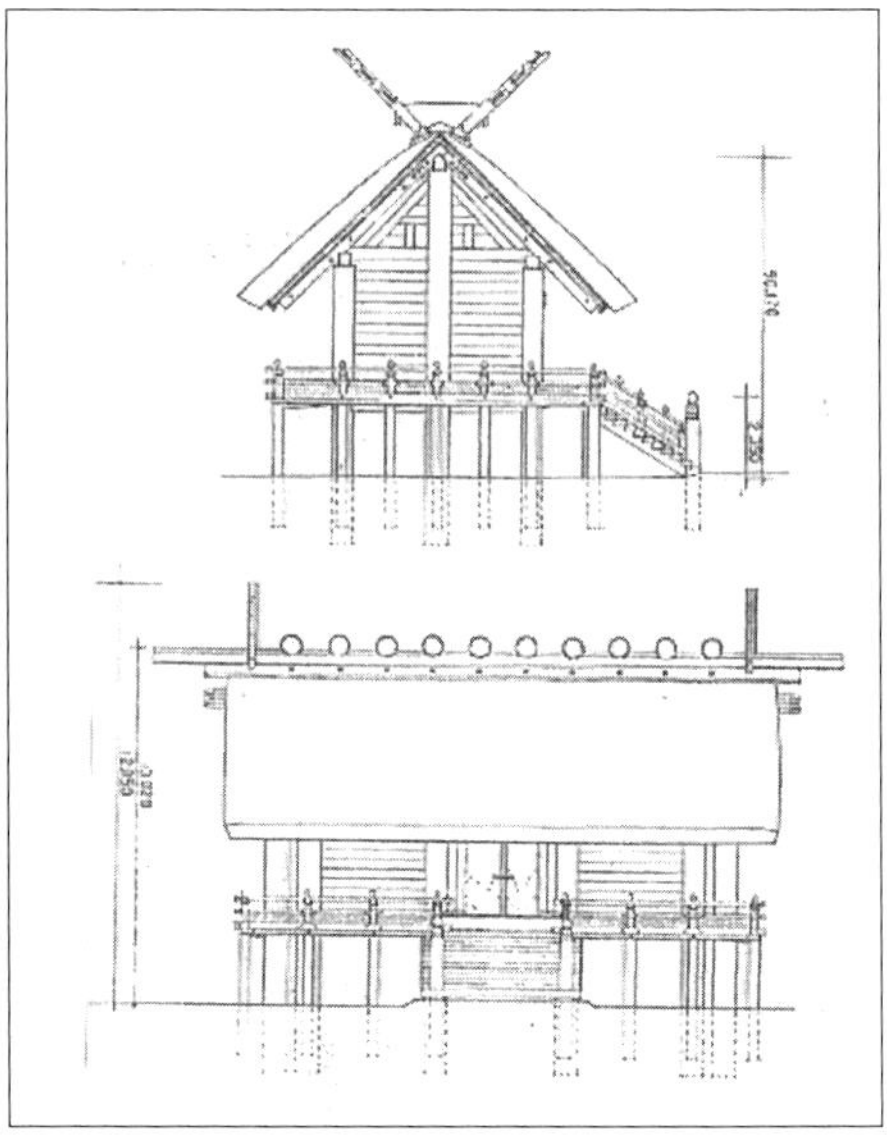

伊勢神宮（二十年後に造替、奈良時代の形）。この当時は柱は土に埋め込み、掘立であって、基礎が出来たのは仏教伝来以後である

佐野利器先生（建築のデザインは芸者の化粧と同じ）

日本に敬愛する建築家にあとお一人の方がおられます、歴代建築学会会長のお一人でもある佐野利器先生ですが、先生は建築家と言うより構造学者です。先生は関東大震災後当時の東京市長後藤新平の絶大な信頼で、帝都復興院理事と東京市建築局長を兼任し、関東大震災後の区画整理事業の都市復興、都市計画などに努め、特に鉄筋コンクリート造りの小学校の建築や、都市の不燃化に努められました。

先生は、「建築美の本義は建物の重量を支持する為の力学的バランスのとれた構造にある」との理論で、その思想が日本の耐震構造学を今日までにしています。

先生は、日本の地震工学や耐震構造の基礎を築いた人です。研究論文「家屋耐震論」は大正五年に発表され、建物の重さの何割かの力を水平方向に作用させて設計を行う震度法を提案するとともに、都市計画の分野にも大きな業績を残し、大正十二年の関東大震災は先生の学説を実証するものとなりました。

この「家屋耐震論」では日本古来の木造建築では壁を出来るだけ残し、そこに多くの「筋違い」をいれることを奨励されました。日本の気候は高温多湿の夏、この蒸し暑いのをいかに凌ぐかが大きな問題です。その為には壁を取り払い、一見柱のみ林立するような建物になり、また夏の太陽の日差しを避けるため、庇の出を大きくします。このため瓦屋根が大きくなり、当然重たくなり非耐震的な建物になります。それらをこの論文では強く戒めています。この理論は今では構造設計のイロハです。

先生の業績は建築学だけに留まりませんでした。構造計算の必要上から、尺貫法・ポンドヤード法の不合理性を痛感し、メートル法普及にも尽力されました。日本教育会長や国語審議会委員もつとめるなど、戦後の教育改革確立にも参画、ローマ字のつづり方を現在の方式に統一されたのも大きな功績です。

面白いことに先生は、建築の表面上のデザインは、「芸者の化粧か、人の気を引くためのもので軽薄なものにすぎない」と言われていました、現在ではセクハラで問題になりそうですが、この信念は建築の思想・芸術面を軽視し、日本の建築学の工学偏重を招いた、とも評されもしました。しかし、私は先生の考えにまったく同感です、先生の業績は偉大なものです。住まいの安全性を工学的に探求された純粋な建築工学者でありました。

近代日本の建築家の作品を良く見ると、独創的なものはほとんどないようです。大なり小なり模倣されたものばかりのようです。戦後もてはやされた、ある有名建築家の大型の建築作品をみますと、なんとそれにそっくりな小型の建物が戦前のアメリカの建築雑誌に載っていました。また作品の多くが、海外の作品の部分部分の寄せ集めが多いようです。

山形県白鷹町、『荒砥小学校百年史』に掲載された佐野設計による奉安殿。昭和21年に撤去

先生が申されますように、建造物は人の気を引くためのものでなく安全に建

てることが第一義です。

戦前は全ての小学校に奉安殿がありました。この奉安殿は当時天皇のご真影を奉納していた所で、学校に入ると先ず最敬礼をしてそれぞれの教室に入って行きました。先生は戦前、山形の出身小学校の奉安殿を設計されています。この奉安殿は戦後の翌年に取り払われ今はなく、写真だけは当小学校にあります。

私はこの混沌とした社会において、人間でなく、誰でもが畏敬の念をもつことができる神か仏を、複数でよいので安置しうるものを学校に置くべきだと日ごろから思っております。先生の建築の代表作品には、旧国技館や現東京駅の構造設計があります。

フランク・ロイド・ライト（有機的建築と旧帝国ホテル）

F・L・ライトは、アメリカ合衆国が生んだ建築の巨匠です。彼は膨大な設計業績を遺しましたが、一貫して彼の標榜する「有機的建築」の理想を追及し続けました。「有機的建築」というものは、一口でいえば、より豊かな人間性を保証する建築です。

当時はヨーロッパの建築様式の模倣である新古典主義が全盛であり、また機能性、合理性の追求をも目標としていたので、「有機的建築」はそうした方向とは相容れぬものとして、誤って理解されたこともありましたが、住宅作家としてプレイリースタイル「草原住宅」を確立しました。この様式の特徴は、当時シカゴ周辺の住宅にあった屋根裏、地下室などを廃することで建築の高さを抑えたこと、水平線を強調したこと、部屋同士を完全に区切ることなく、ひとつの空間として緩やかにつないだことなどがあげられています。

彼の建築家としての重要性は、住宅作家として、人々の生活の拠点を作り続けたことでしょう。もちろん、住宅以外の公共建築

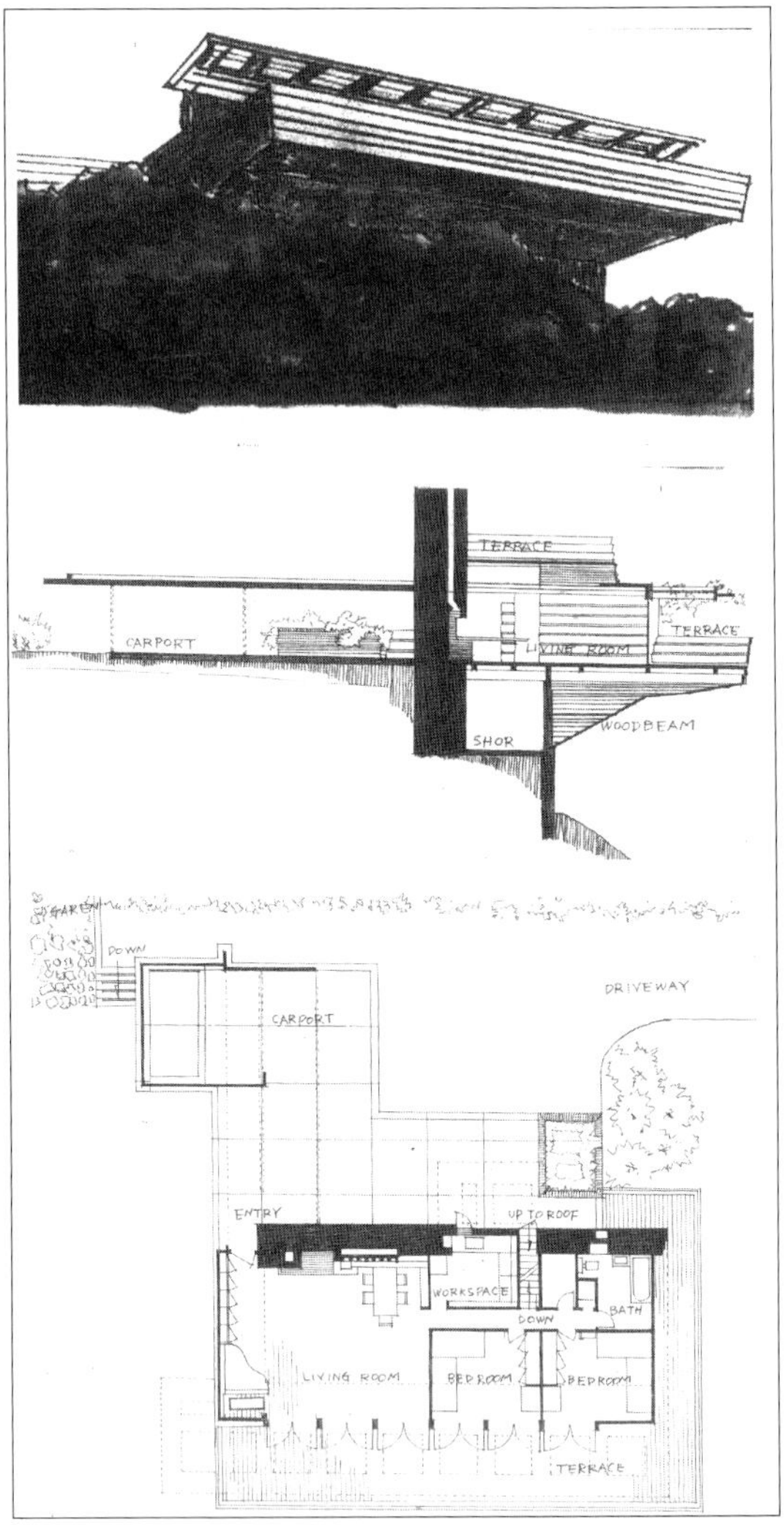

ゴージ・スタージス邸。カリフオルニア州ハリウッド、1939年、木構造でコストを安くしている、テラスは煉瓦壁から大きく突き出している

エドガー・カウフマン別荘（落水荘）1936年、鉄筋コンクリート造、窓枠がスチール・サッシュの最初。居間を流れに面して、いく段ものテラスがある

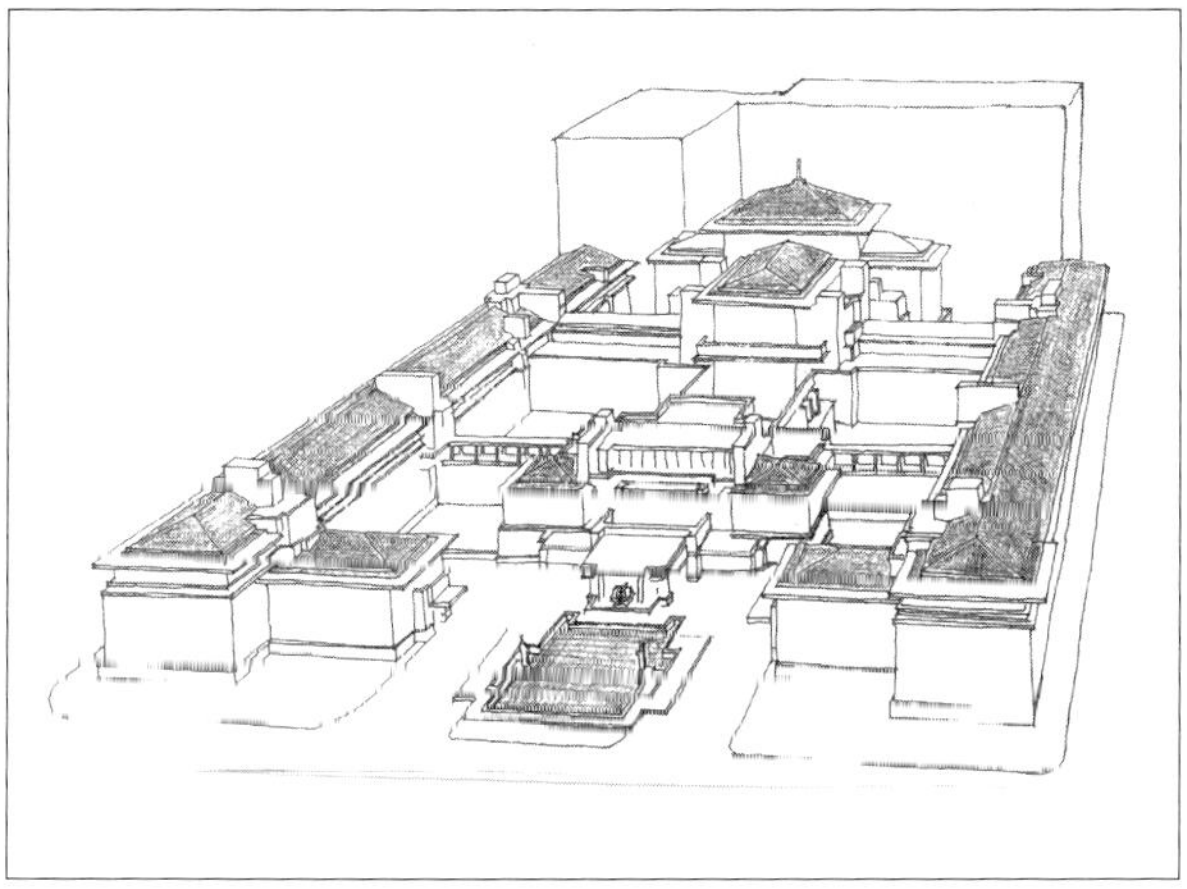

旧帝国ホテルの鳥瞰図

明治村に移築された、旧帝国ホテル

にも腕を振るっていますが、傑作の多くは住宅作品であったようです。

この「草原住宅」というのは、アメリカ中西部の草原地帯にあって、住宅は大地に根を張り、地をはうように創られていますので、自然と一体となることを目的とした住宅です。ライトは無味感想なビルの林立する近代都市を嫌っていました。人間生活の豊かさとは何かについて、真摯に取り組んだ建築家でありました。

彼のことで、未だよく知られていないことは、「合衆国に生をうけた人々は、貧富の違いに関わりなく、豊かな生活をする権利がある」として低廉な小住宅を設計したことです、その住宅の経済性のために、積極的にプレハブ化と取り組んだことです。

彼の日本での作品で有名なのが、現在明治村に移築された帝国ホテルがあります。

彼のスタイルには変遷もあり、一時はマヤの装飾を取り入れたことがありますが、基本的にはモダニズムの流れをくみ、幾何学的な装飾と流れるような空間構成に特徴があります。また浮世絵の収集家でもあり、日本文化から少なからぬ影響をうけています。

ブルノー・タウト（泣きたくなるほど美しい桂離宮）

第二次世界大戦勃発の六年前、ドイツの建築家ブルノー・タウトは、ナチスによる暗殺から逃れるため、ベルリンを脱出、日本インターナショナル建築会からの招待を機に、日本に亡命し三年余り京都に身をおきました。その翌年、生涯忘れえぬものとなった京都の桂離宮と衝撃的な出会いをなしました。「泣きたくなるほど美しい」これが桂離宮発見の第一印象です。

私も大学生当時、小堀遠州の設計したこの桂離宮を見学する機会をもちましたが、当時はまだその美しさがまったく理解できませんでした。

桂離宮・古書院

白川郷・五箇山の合掌造りの民家昭和30年撮影

東照宮

その後少しずつタウトの感動したものがわかってきたような気がしてきました。

タウトの桂離宮との出会いの日記での一節には、「古書院の間から眺める御殿の素晴らしい景観、それだのに新書院の前には、もうこのような造園術は見られない、芸術的鑑賞のこのうえもない優美な文化だ、すべてのものは絶えず変化しながらしかも落ち着きを失わず、また控え目である。日本は眼に美しい国である」と桂離宮を日本そのものに置きかえ、その美をたたえています。この数奇屋造りの中にモダニズム（現代主義）建築に通じる近代性があることを評価し、日本人建築家に伝統と近代という問題について大きな影響を与えました。

そのあと今度は日光に足を延ばしました。そこで東照宮に関しては、斬りさくほどの酷評を下しています。

「木深い杉木立、その中にすさまじい建築がある。大猷院廟は東照宮より十五年あとに竣工した。金色の唐門、装飾品のように美しい。建築物の配置はすべてシンメトリー、眩いばかりのきらびやかさ、すべてが威圧的で少しも親しみがない。豪華だが退屈、眼はもう考えることができないからだ。鳴龍のある堂、手を叩くと天井に描かれた龍がクルクルと鳴く、珍奇な骨董品の感じ、これらはなんの意味もない。建築の堕落でその極地だ」

日光東照宮はすべて威圧的で少しも親しみがない「将軍建築」と評価しています。そして桂離宮や伊勢神宮を自然の中から生まれた、均衡のとれた「皇室建築」と賛美しました。

三年余り日本に滞在中、現在世界遺産に登録されている白川郷・五個山の合掌造りの民家を見て、著書の中で「これらの家屋は、その構造が合理的であり、理論的であるという点においては、日本全国全く独特の存在である」と称賛し、その骨太の構造物を大変美しい「日本ゴシック」といっています。またこの辺の風景は、「まったく日本的でない。少なくとも私がこれまで一度も見たことがない景色だ。これはむしろスイスか、さもなければスイスの幻想だ」と述べています。

日光東照宮のような派手な建築物を批判し、東北地方の民家や、桂離宮、伊勢神宮などの簡素な建築物を好み、あちこちを旅しながら日本美の再発見に努めました。

タウトの著書『日本の建築』は学生時代、何回も読み直したものです。簡素な建築物を好むタウトの考えにはまったく同感でした。これからの住まいも、彼の思想の根底にあるような簡素で素朴な設計を基本にしていただきたいと思っています。

宮脇昭先生（鎮守の森に潜在自然植生がある）

先生は畑の雑草生態学の研究で、戦後の荒廃した日本の土壌を隈なく調査研究され、その後で潜在植生理論を学び、横浜国立大学教授を経て、現在は国際生態学センター研究所の所長をされています。日本中の植生を徹底的に現地調査して『日本植生誌』全十巻をまとめられました。

その内容によれば、日本には土地本来の森は、〇・〇六パーセントしか残っていなく、全部人間が手をいれて人工的な森にしてしまった。現在の雑木林は一十年に一回の伐採と三年に一回の下草刈が前提です。それをやらないと維持できないニセモノの森。松にしても元々東北以北とか条件の悪い山頂などに限定して生えていたもので、それが人間が広げてしまった。それゆえ松くい虫の大発生になったのは自然の摂理だとか。これらが台風や地震、洪水などの際の自然災害の二次災害が起こる諸悪の根源であるといわれます。関東以南の平野における本来の植生はシラカシなどの常緑樹、海岸部は照葉樹林であると研究の結果を報告されています。

土地本来の潜在植生は、「鎮守の森」を調べればわかるはず。そこには大抵、椎、タブの木、樫の常緑樹が茂っています。また海岸部は照葉樹が残っているはず、それが本来の植生の姿なのですと説明され、その再生に、実践的な指導をされています。

生物社会でも、「本物は長持ちします。どれほど格好がよく、早く育って綺麗な花が咲いて一時的に繁殖しても、ニセモノは長持ちしません」と植林、植樹の「大原則」を示しています。それには「その土地に適した樹を選ぶこと」、そして「土地本来の主木の樹種を選択すること」だと教えています。そして、これが「潜在自然植生」と説いています。私達人間社会においても、住まいの建物にも教えられる要素がたくさんあるようです。

古来より文明は自然の森林を破壊しつつあります。この破壊の上に文明は成り立っています。日本の経済成長の裏では地球のある地域の自然や資源が丸裸になった所さえあります。先生はそこに長年研究されてきた成果の「潜在自然植生」理論で土地本来の森を取り戻そうと、実践的な指導を国内は勿論、広く国際的に活動をされています。

いま氷河期以降の人類の歴史を振り返りますと、文明が発展し、人口が増大する。すると森林資源が枯渇し、文明は衰亡するということを何回も繰り返しているようです。しかし現代の地球ではもう豊かな森は熱帯と亜熱帯にしか残っていません。なんとかしなければこの現代文明は崩壊する可能性が高いと思います。森林の研究者は、このままの状態が進行すれば、現代文明は、あと百年以内に危機に直面することは間違いないと言われています。

先生は、日本や世界各地で六千万本近くの植林に成功されました。更に熱帯雨林再生プロジェクトのマレーシアでの参加では、根が充満したスポット苗を植林する方法で、再生不能とまでいわれている熱帯雨林の再生を十数年あまりで成功させています。

形こそ違え、人間も植物も遺伝子もって進化しています。先生が申されていますように、本来の土地風土にあった植物であればこそ素直な成長が見られるのです。これが「潜在自然植生理論」です。

　われわれの住いにもいたずらに新建材や高価な設備を推薦したり、また無理なデザインを押し付けたりしないで、建材やデザインなどは最小限の範囲で、この風土にあったのびのびした簡素な住いを推奨されることを望みたいものです。

　小生、専門外ですけど機会があって只今、造園技師の資格指導をしている者として、この宮脇先生の戦後の混乱期、雑草の研究から始められた潜在植生理論の完成と実践的指導には心から感銘するものがあります。そして緑の植物、とくに緑が濃縮した本物の森づくりにいくらかでも努めたいと思っています。

幼苗を植えて14年で自然の森となったボルネオの森

私の建築紀行

旅の思い出とともに

　私の少年時代の家には、絵入りの観光図や鳥瞰図（鳥から見たような図面）がたくさんありました。それは親父が旅行好きで、当時、珍しく急行列車で東北地方から鹿児島までの旅行先で買ったのでしょう、大きな皮のトランクの中には小物の旅行道具と一緒にカラー付きの地図や写真がいっぱい入っていました。これらの写真を見ているといつまでも飽きません。まるで旅行でもしているようでした。

　とにかく親父は忙しい麹屋と甘酒屋でしたが、暇さえあれば歴史書をはじめ色んな書物を読んでいました。かっこよく言いますと研究好きであったようです。先日古いトランクを整理していましたら甘酒の二合ビンに貼るレッテルが出てきました。見ると栄養研究所となっていました。どんな研究していたか知りませんが、レッテルには博多を凝縮したものが印刷してあったので、本書の裏表紙に載せることにしました。

　私も親父の旅行好きな遺伝子を受け継いでいるのでしょう。私の出身大学は大阪市内にありました。戦後間もない時でしたが、各休暇には、博多から学校に行くのに、いつも鈍行列車で山陰線や山陽線、はては一度南の鹿児島まで行き、さらに別府から船で松山へ、そして四国を鈍行列車で淡路島から大阪に行き、車窓から町や農村を眺めながら通っていました。

　大学の高学年になりますと、アルバイトで貯めた金で東京まで行ったことがありました。当時は適当な大きな駅を降りると、どこも簡易旅館がありましたので、そこで宿泊していました。当時の簡易旅館は石炭ストーブの周囲は広い共同の畳敷きか板張りで、毛布を被って寝るだけでしたが、楽しい一人旅でした。

　学校を出ますと教師をしましたので、休暇の度には更に東北・北陸地方まで足を伸ばすことが出来ました。さいわい山岳部顧問をしましたので、部の諸君や所属した山の会の皆様と出来るだけ多くの山を登ることができました。

　一ドル三六〇円の固定レートの時代、夏休みにグループで二十日間あまりを利用し、イギリス・フランス・イタリヤを旅行したときは終始ワクワクしたものです。今では出来るだけヨーロッパを旅行し、いろんな建物を見ながらリフレッシュしております。

　技術屋はどなたも同じ考えと思いますが、写真を見るだけでは建物の大きさはわりません。寸法が入って初めて納得がいきます。ですから、私も図面に出来るだけ寸法を入れるようにしました。現地で測ったものもあれば、写真や色んな資料から割り出したものもあります。多少は相違するかもしれませんが、ご了承くださ い（右眼が少し悪くなり全体的に九五％の完成で、尚基礎部分は想定ですがご了承ください）。

CONSTRUTION OF PARTHENON ATHENS 454~438 BC
PLAN OF PARTHENON 1:500
OPISTHODOMOS
PARTHENON
HEKATOMPEDOS
PRONAOS
PEDIMENT
ACROTERION
SIMA
GEISON
FRIEZE
ARCHITRAVE
CAPITAL
SHAFT
STYLOBATE
TRIGLYPH
GUTTAE
METOP
TENIA
TYMPANUM
maximum entasis measured at this point .057 ft
20 FLUTINGS. SECTION OF COLUMN
SCALE 1:25
ABACUS
ECHINUS
ANNULETS
20 FLUTINGS
ENTABLATURE
COLUMN
ELEVATION OF PARTHENON SCALE 1:50

リアルト橋

建設技術者：アントニオ・ポンテ　1588～1592の4年間で完成

「1900年代のコルビジェがヒューマンスケールの理想的生活圏のモデルとした」

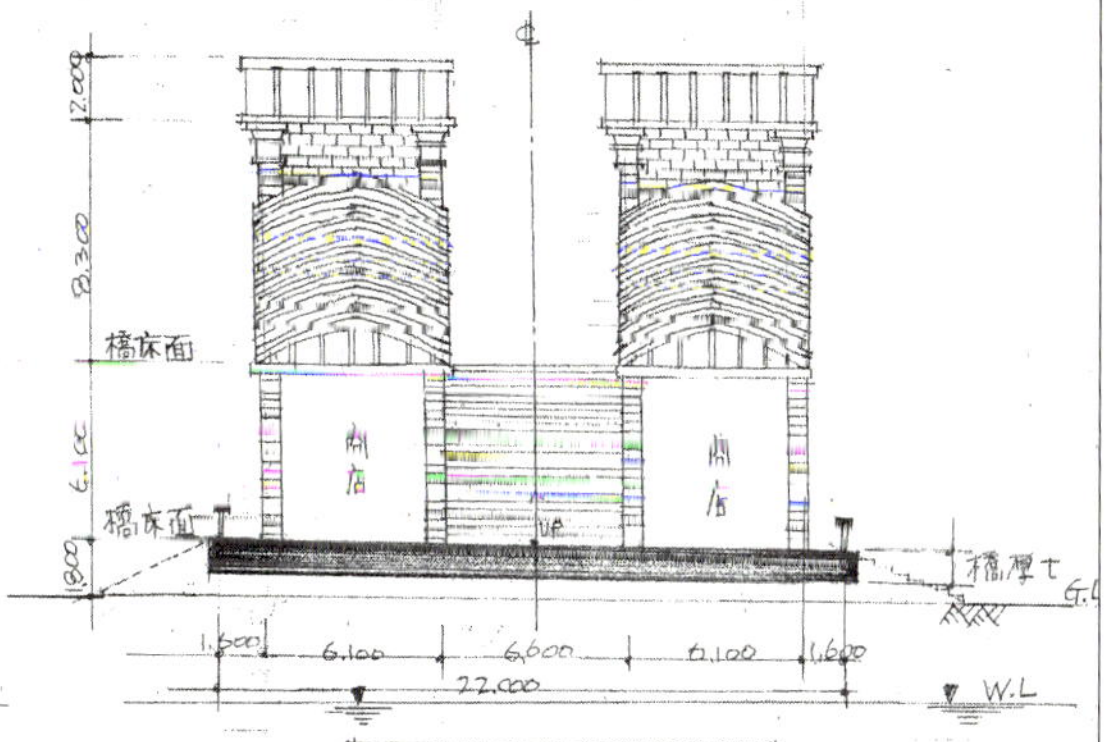

一部立面、一部断面図

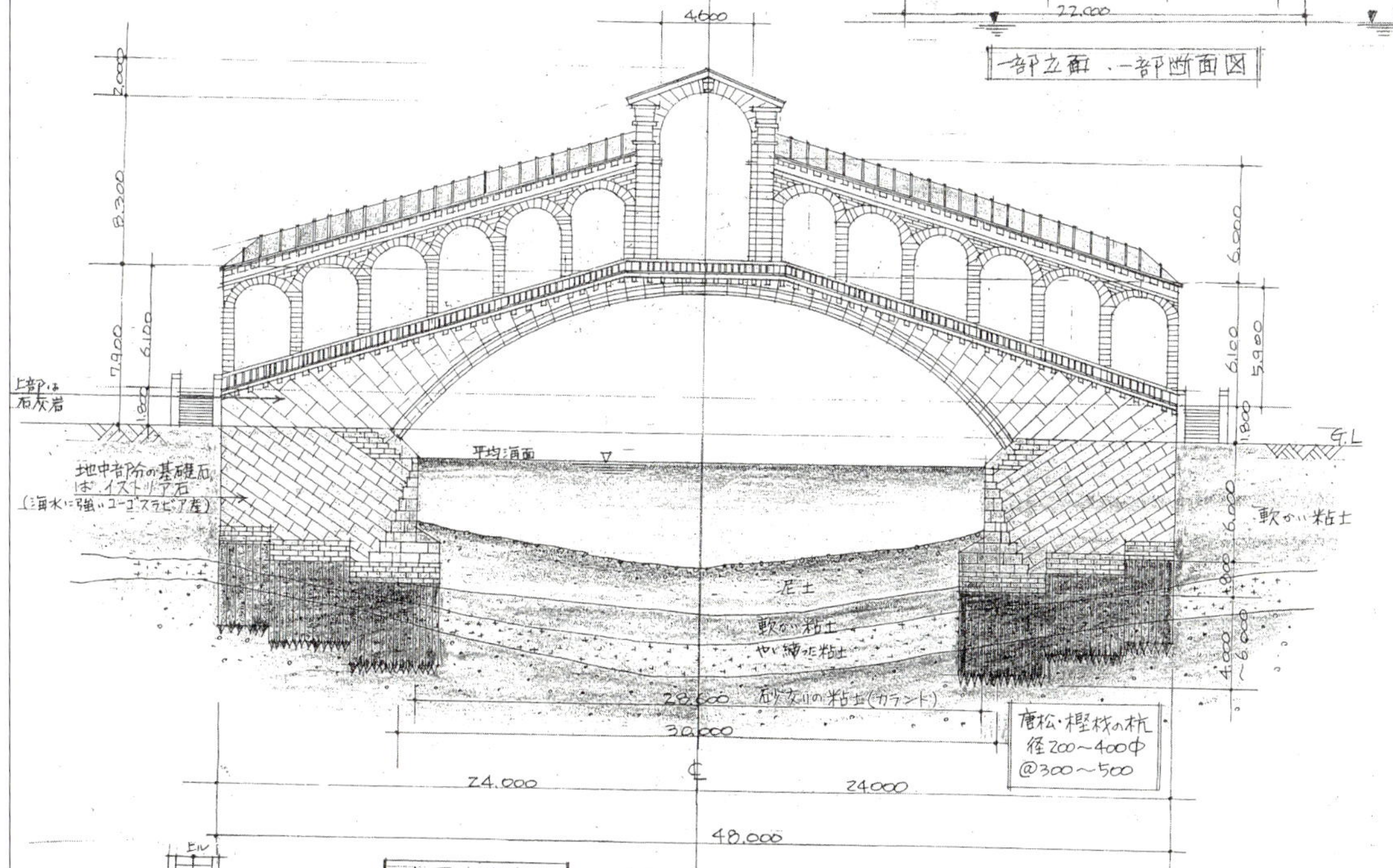

立面・構造図　1:200

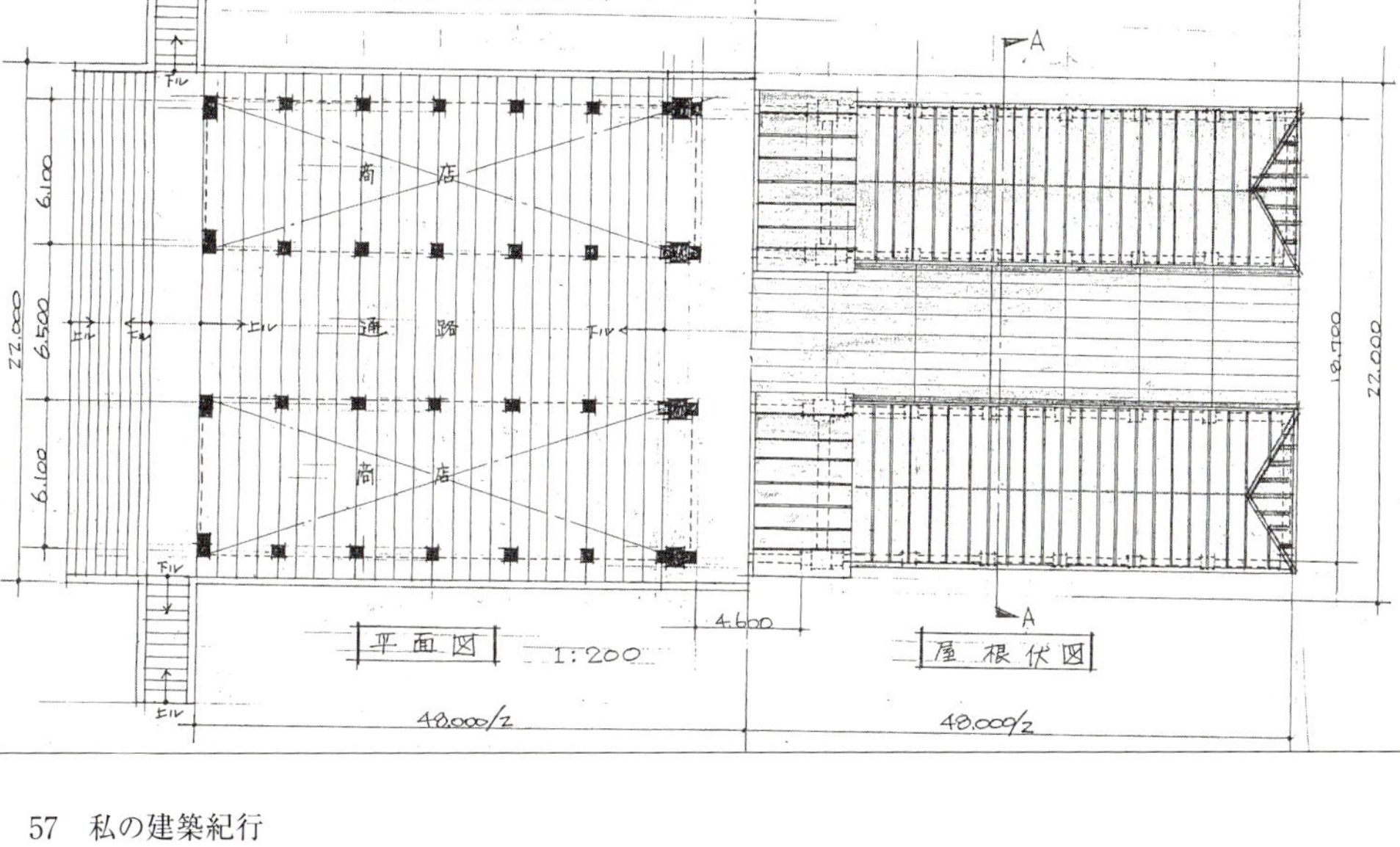

平面図　1:200　　屋根伏図

窓

窓は家の眼である。隣家の窓が閉まっていれば、何かと不安を感ずるが、開いていれば目が窓に吸いつけられ、部屋全体を見たくなるような衝動にかられる。家を設計するとき、採光とか、室の機能的構成の関係で、窓の重要性は大きい。建築基準法に学校の教室では窓の大きさを室の面積の五分の一、病院の病室では七分の一などと規定してあって、やや、めんどうである。

日本の従来の民家の窓は大きい。窓というよりむしろ入口といったもので、障、子襖をとりはずすと、がらんとして、あとは柱のみ林立するような住まいである。これは日本の気候が冬の寒さより、夏の蒸し暑さが凌ぎにくいからである。

古代ヨーロッパの建物の窓は一般に小さく、額縁か、時には煙抜けぐらいで、室が薄暗い。ヨーロッパの建物は重く、どっしりした感じがする。石とレンガを積み上げたこともあるが、窓の小さいのも原因であろう。ヨーロッパには、哲学（philosophia）が西暦前より存在しているのも、窓の小さい、重厚な住まいに居るからこそ、じっくりと考える余裕も出来るのである。ルパンの怪盗も、厚い石壁に格子の入った、小さな窓に忍びこみ、宝石を盗んでこそ、スリルもあり愉快になるのであろう。

住まうことにおいては、ヨーロッパ人は不幸と思う。それは窓が小さいというより、小さくなった原因によろう。ヨーロッパに限らず、大陸の歴史を見ると戦争が絶えない。日本にも戦乱が随分あったが、これは同じ民族同士の争いであって、主に武士の喧嘩であった。しかしヨーロッパやアジア大陸における戦いは、異民族の争いで、それは激しく、その有様はちょうど元軍の襲来に似て、女、子供をなぶり殺したようなものであったろうと思われる。故に同民族は、共同防衛体制をつくり、その方法として、都市を城壁で囲み、または国を単位とした、万里の長城のごときもので防禦したのである。それでも敵の攻撃が激しく、時には不意の敵襲にも常に気をくばり、安心した生活を送るため、住まいの壁を厚くし、侵入を防ぐために窓とか出入り口を小さくしたものと考えられる。

ギリシャ時代の住居形態に「マガロン」という代表的なものがある。それは一個の小さい出入り口があるのみで、壁は厚く、時には数メートルあるもので構成されている。このように住まいは、いかに外敵に備えたかがわかろう。

私は、フォークとかナイフを持つ食事をあまり好きでない。これらナイフは元来、不意の敵襲に備え、腰に下げ、手に持った刃物で、現代では火薬や鉄砲の発達により不要になり、縮小されたものである。失礼だが、レストランで日本の若きご婦人方が上品そうに、刃物を振りまわしている姿は少々滑稽である。

日本人はあらゆる面において、もっと三千年来の伝統の良さを再発見し、知るべきである。私は大きい窓のある家に住み、自然の木や竹の箸で食事が出来ることを、幸福に思っている。

（一九六一年）

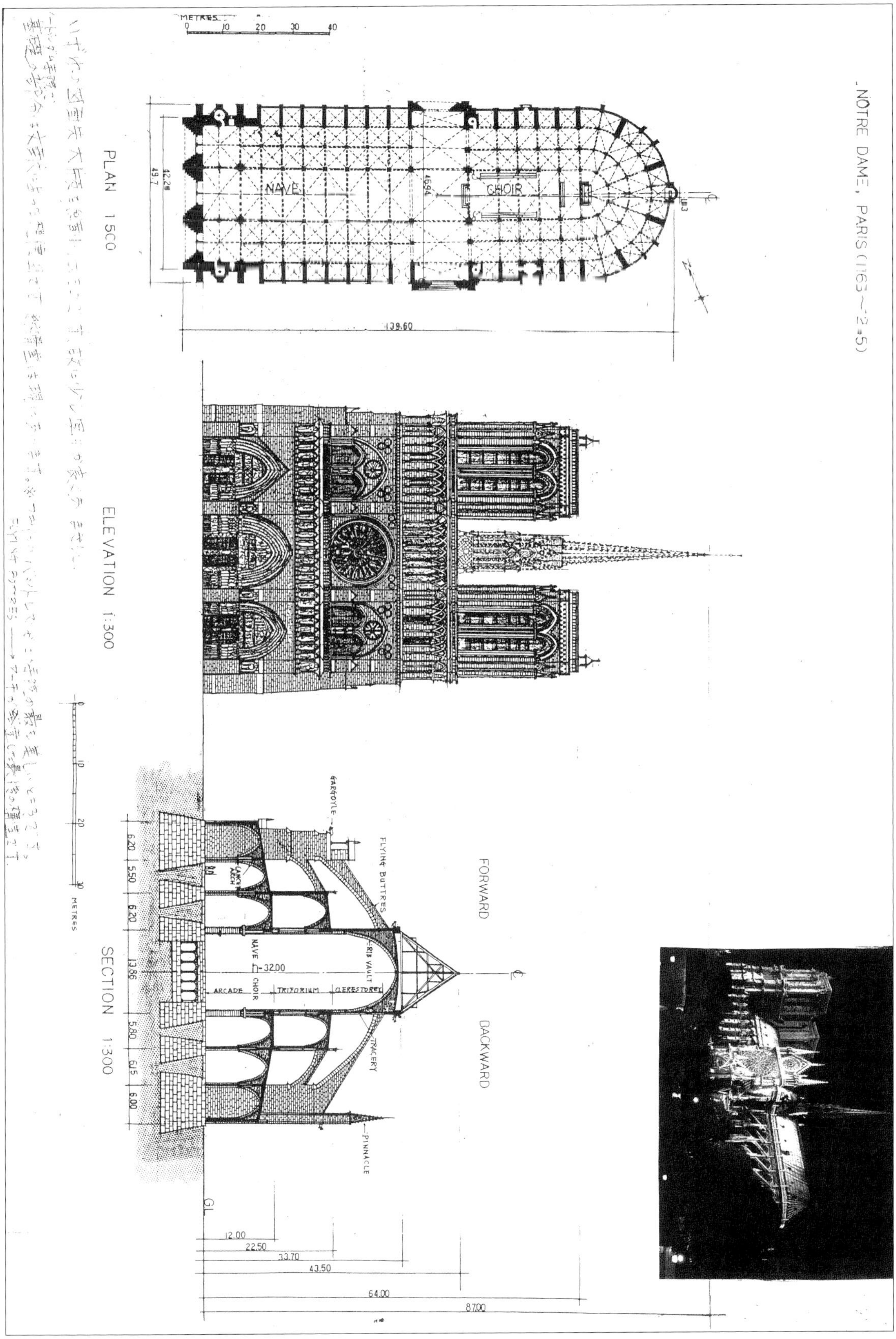
NOTRE DAME, PARIS (1163～1235)
PLAN 1:500
NAVE
CHOIR
139.60
ELEVATION 1:300
SECTION 1:300
FORWARD
BACKWARD
GARGOYLE
FLYING BUTTRESS
RIB VAULT
ARCADE
TRIFORIUM
CLERESTORY
TRACERY
PINNACLE
GL
METRES

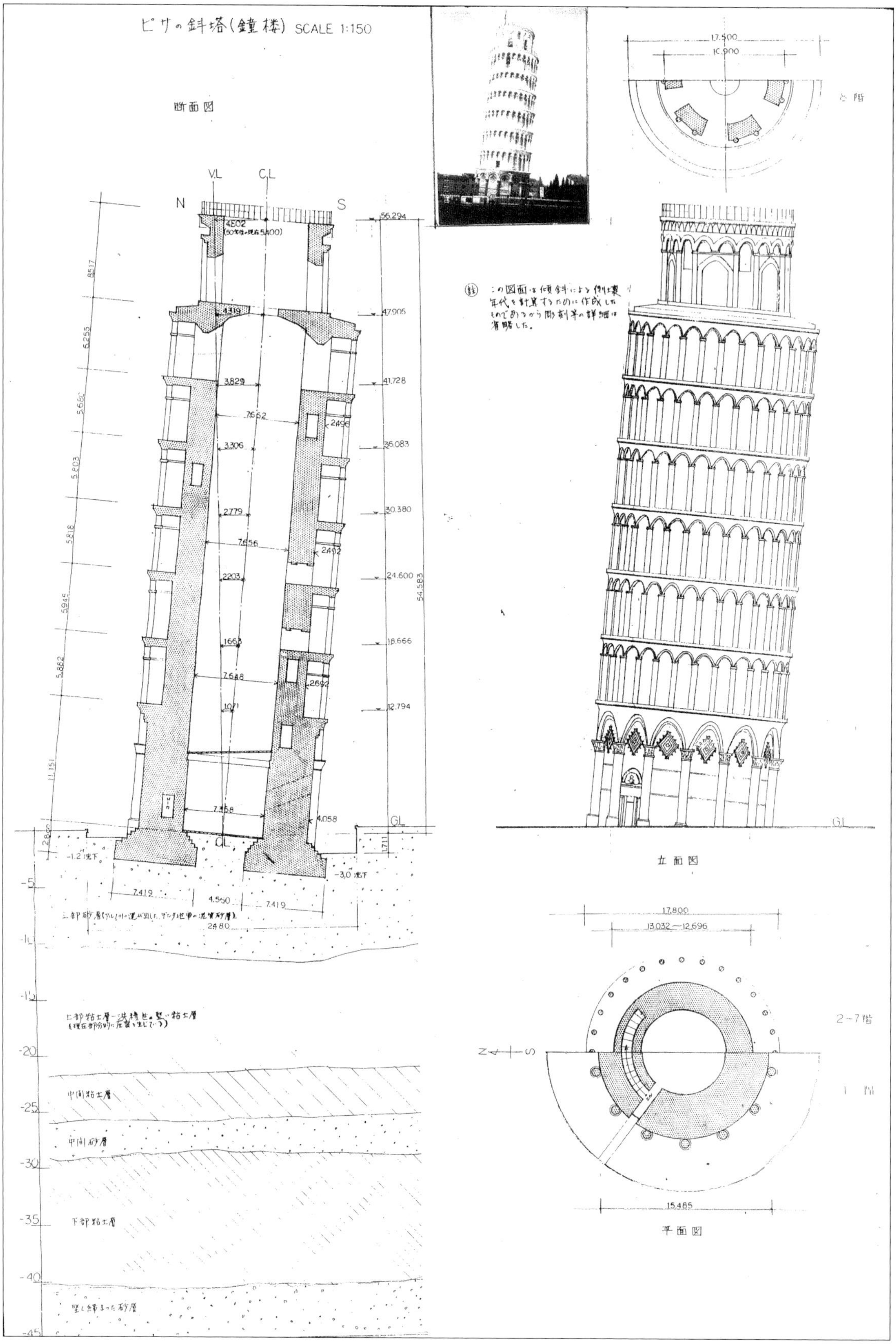
ピサの斜塔(鐘楼) SCALE 1:150
断面図
VL
CL
N
S
56.294
47.905
41.728
35.083
30.380
24.600
18.666
12.794
54.583
GL
4.502
(50年後の現在5.400)
4.319
3.829
7.662
3.306
2.779
7.656
2.203
1.663
7.648
1.071
7.358
2.496
2.402
2.692
4.058
8.517
6.255
5.665
5.803
5.818
5.945
5.862
11.151
-1.2 沈下
-3.0 沈下
7.419
4.560
7.419
24.80
上部砂層(アルノ川の運び出したデンタ地帯の泥質砂層)
上部粘土層—洪積世の堅い粘土層
(現在部分的に圧密を生じている)
中間粘土層
中間砂層
下部粘土層
堅く締まった砂層
-5
-10
-15
-20
-25
-30
-35
-40
-45
17.500
16.900
8階
註 この図面は傾斜による倒壊年代を計算するために作成したものであるから彫刻等の詳細は省略した。
立面図
17.800
13.032—12.696
2~7階
1階
15.485
平面図

ピサ斜塔の歴史と現在

一〇六三年、ピサ海軍がパレルモ沖海戦でサラセン海軍を撃破し、勝利を感謝して建設されたのがピサ大聖堂である。

一一七三年八月、一階完成、塔が南へ傾き始める。

一一八六年、四階完成後中断。

一二三三年、五階完成後再び中断、着工中断を繰り返した。

一三五〇年完成、鐘楼のみは垂直に建立。

一九三三年、Terzaghi、Sesimi 両教授が原因調査報告書に示されたのが、図のこの寸法です。

当時は地盤調査は充分でなく、深さ一〇メートルまでしかできなかった。その結果傾斜の原因は、表層の地盤強度の不足と、地下水の流れによる砂の移動が原因とされた。当時から塔頂の変位は一年ほぼ八ミリです。

一九七三年、イタリヤ政府による補強方法の国際コンペがあり八十社が応募（条件として塔の現状を変えないこと、補強工作物が外部から見えないこと）。

日本チーム（鴻池建設・日産フリーズ社）のＣＣＰ工法(Chemical Churning Pile Method) が採用された。

今では塔の傾斜の原因は粘土地盤の圧蜜（水分を含んだ粘土地盤が外圧で中の水分か押し出され、体積がゆっくり締まってゆく状態）であることが立証されています。

ピサ市はもともとアルノ河の河口近くにあり、川上からの堆積物で出来ており、地盤が粘土層と砂層が交互に積み重なった軟らかい地盤です（福岡市天神の地盤構造とよく似ています）。故に大聖堂も幾らか傾いています。

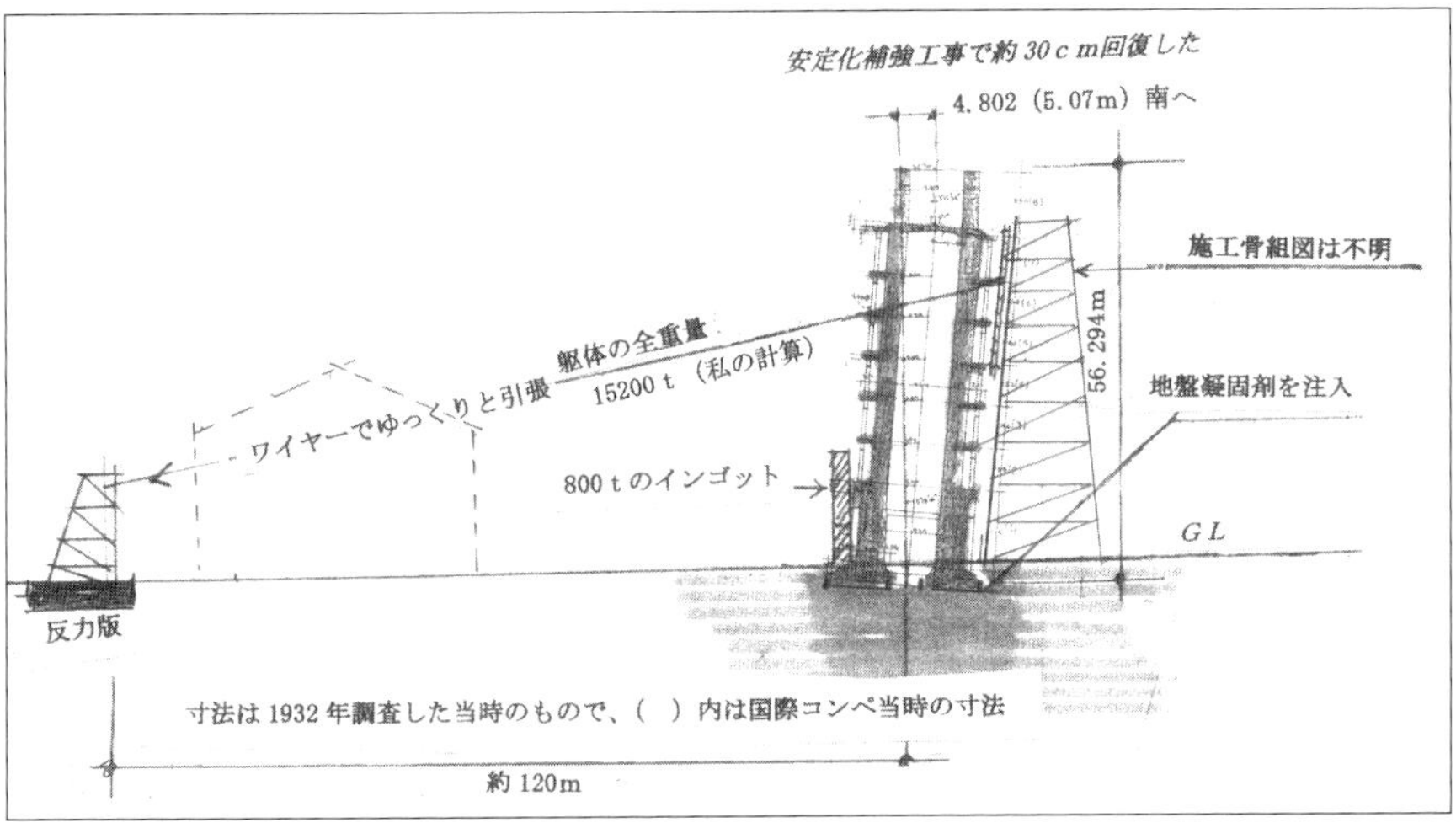

十年ほど前、私がピサにちょうど行った時、幸にその補強工事の終る寸前を見ることができました、まだ八〇〇ｔのインゴットはありました。後日その報告を新聞で見ますと、塔頂で三〇センチ元に戻ったとありました。

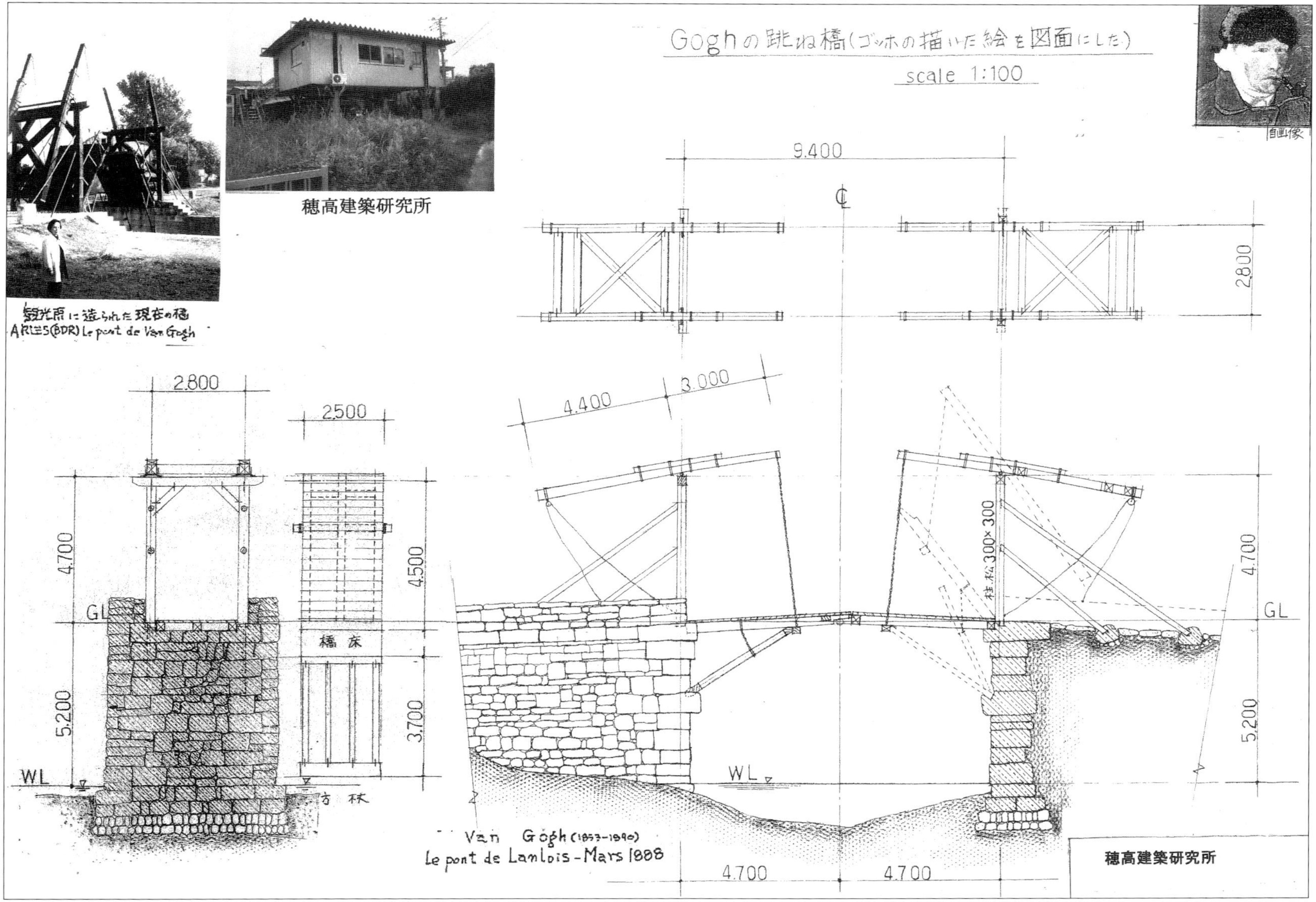
Goghの跳ね橋(ゴッホの描いた絵を図面にした)
scale 1:100
自画像
観光用に造られた現在の橋
ARLES(BDR) Le pont de Van Gogh
穂高建築研究所
9.400
2.800
4.400
3.000
柱 松 300×300
4.700
5.200
GL
WL
2.500
4.500
3.700
橋床
方杖
Van Gogh (1853-1890)
Le pont de Lanlois-Mars 1888
穂高建築研究所

ゴッホの描いた跳ね橋

次の文章は、私がフランス観光局に出した手紙です。ゴッホの描いた跳ね橋についての、私の関心を伝えたかったのです。

France Sightseeing Office [Van Gogh — Charge of a splashes bridge]
（フランス観光局「ヴァン、ゴッフォの跳ね橋係」）（An office with Daudet s windmill）
I traveled three years before south France.
（私は３年前「1994」南フランスに旅行しました）
Then the opportunity to see the splashes bridge for sightseeing was obtained
（そこで観光用の跳ね橋を見る機会をえました）
It was charming in the pictures of Van Gogh from before.
（以前からヴァン、ゴッフォの絵画に魅了されていました）
I am architect (A speciality is structure) The splashes bridge which. Van Gogh drew was regarded as it drawing structurally. and it was made the drawing.
（私は建築家です「専門は構造」ヴァン、ゴッフォの描いた跳ね橋を構造的に描いてみようと思い図面にしてみました）
Daude's windmill was also used as the drawing as faithfully as possible.
（ドーデの風車も出来るだけ忠実に図面にしてみました）
If helpful to the France sightseeing office, please make it data.
（フランス環境局の役に立てば資料にして下さい）
Although I think that it is busy, please correct, if there is an amusing place with this drawing.
（忙しいと思いますが、この図面でおかしい所があれば訂正して下さい）
It is waiting to pleasure.
（楽しみに待っています）
Now, he is studying the construction of Europe happily structurally.
（只今、ヨーロッパの建築を構造的に楽しく勉強しています）
JAPAN （日本）
5-5-22 umebayasi jyounanku Fukuoka city Susumu Kitajima
（福岡市城南区梅林5-5-22 北島 進 注・穂高建築研究所はすでに閉鎖）
office---Hodaka kenchiku kenkyusyo （事務所—穂高建築研究所）

石造建築物の加工

建築家を英語でarchitectと言いますが、その語源はarch（弓形）から来ています。アーチは大きな窓を取るためにローマ時代の少し前の時代に考案されました。当時は素晴らしいこの技術を考案した者に、敬意を払う名称として建築家のことをarchitect と呼ばれるようになりました。

FIRENZE CATHEDRALE（フィレンツェ大会堂 ゴシック様式）

1296 アルノルフォにより起工.
ドームはフィリッポ・ブルネルレスキにより 1418年設計 1420-1430建造. 頂塔は1461完成.
正面は1887完成.
左方の塔はジオット一設計の鐘塔 1334-1387建造.
大会堂三正面の大理石張りは 1875-1887に完成.

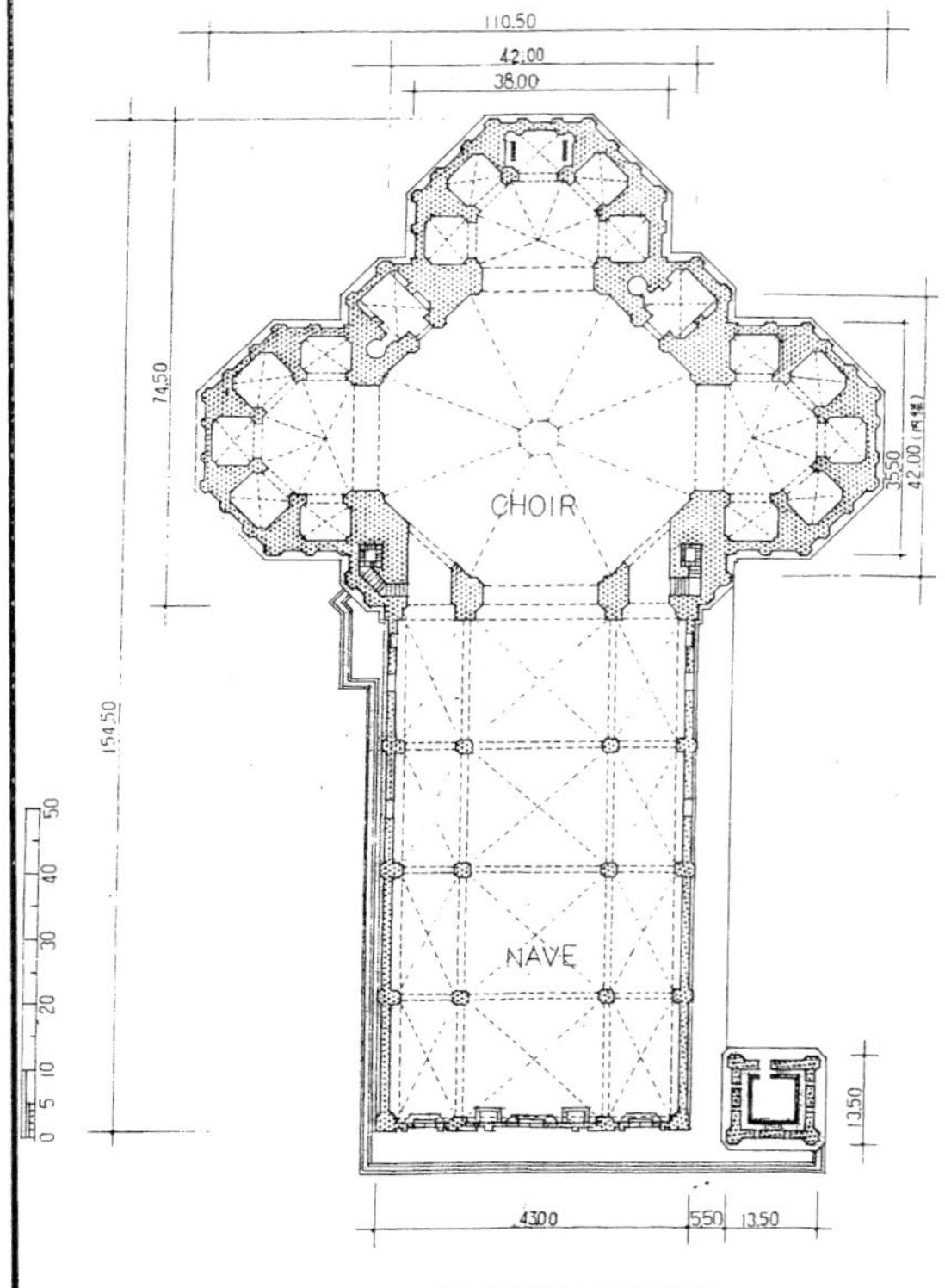

PLANE 1:600

ドームの平面は42メートルの正八角形

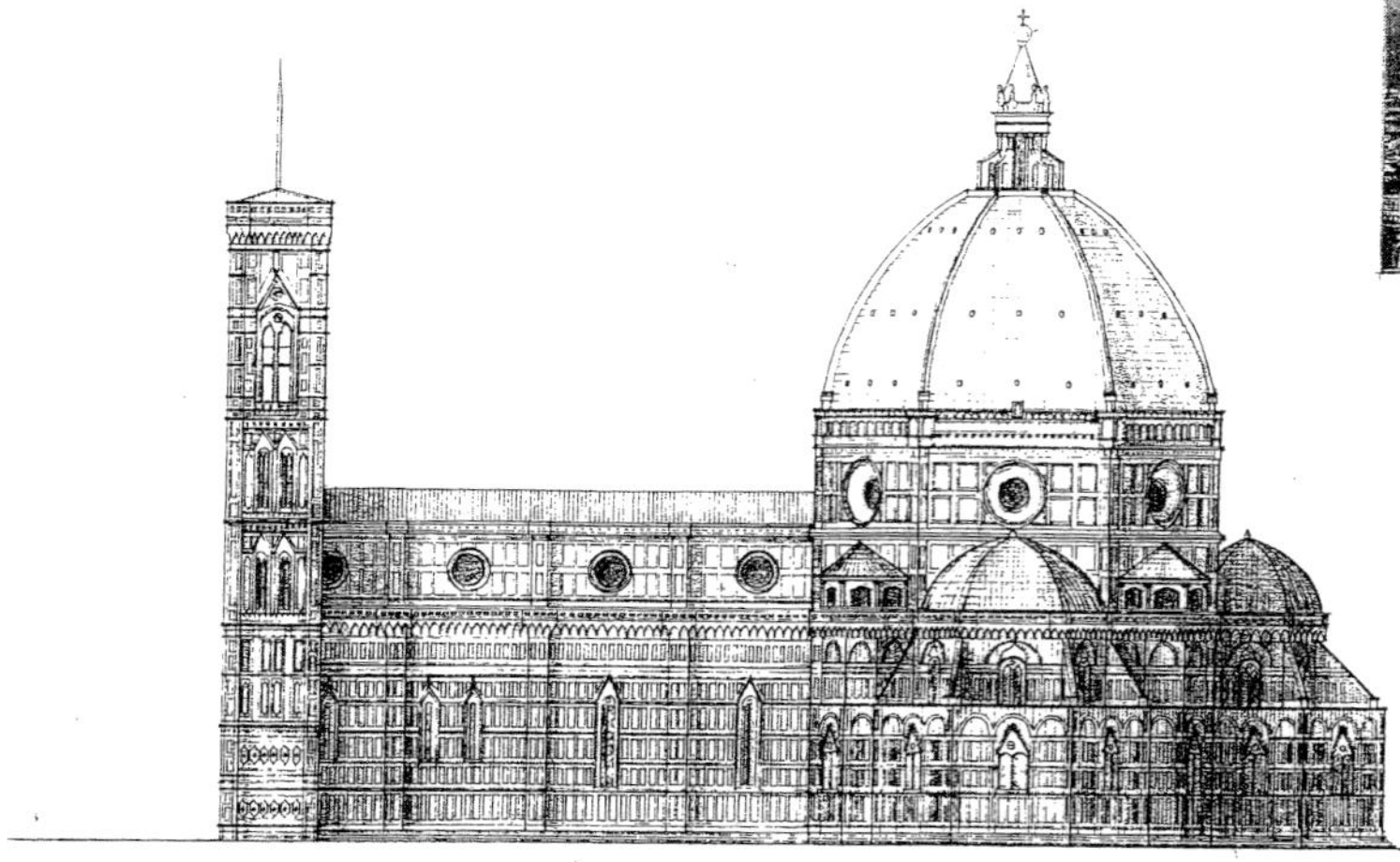

ELEVTION 1:600

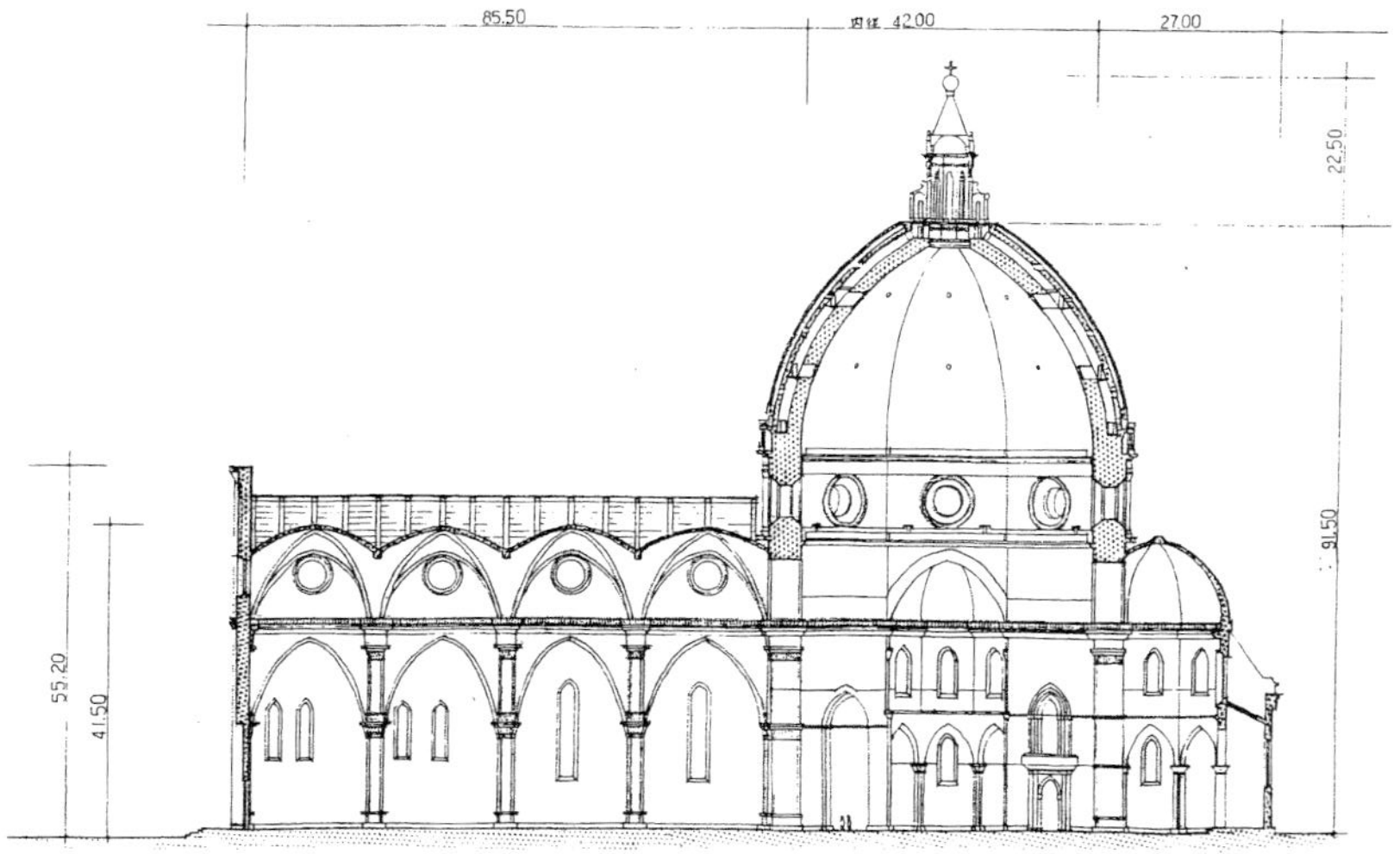

SECTION 1:600

ドーム部分の推定重量 25,000 ton

1:30

CATHÉDRALE REIMS(ランス大会堂). 1210—1427. Architect by Robert de Luzarches

1194−1220年に建造されたシアトル寺院より一層自由に大胆に、軽快であり、身廊部は三廊、内陣は戴冠教会堂として5廊とし、内陣の僧席は身廊部に2スパン突出している。またフランスゴティクの特長である丸窓、ケーニヒギャラリーをもっていて、ゴティクの女王と称されるレイヨナン式の傑作である。
1210年に燃上したため、翌年内陣から再建に着手し、1241に内陣、1300年に身廊部を完成した。ついで西正面にかかったが百年戦争に妨げられ、1427にようやく現在の高さまで塔を築いたが、尖頂屋根はついに作られなかった。第1次大戦で、西正面は足場火災から、いちぢるしく焼損し、修理工事は1937年で一応完了した。全長138.7m、天井高さ38.0m.

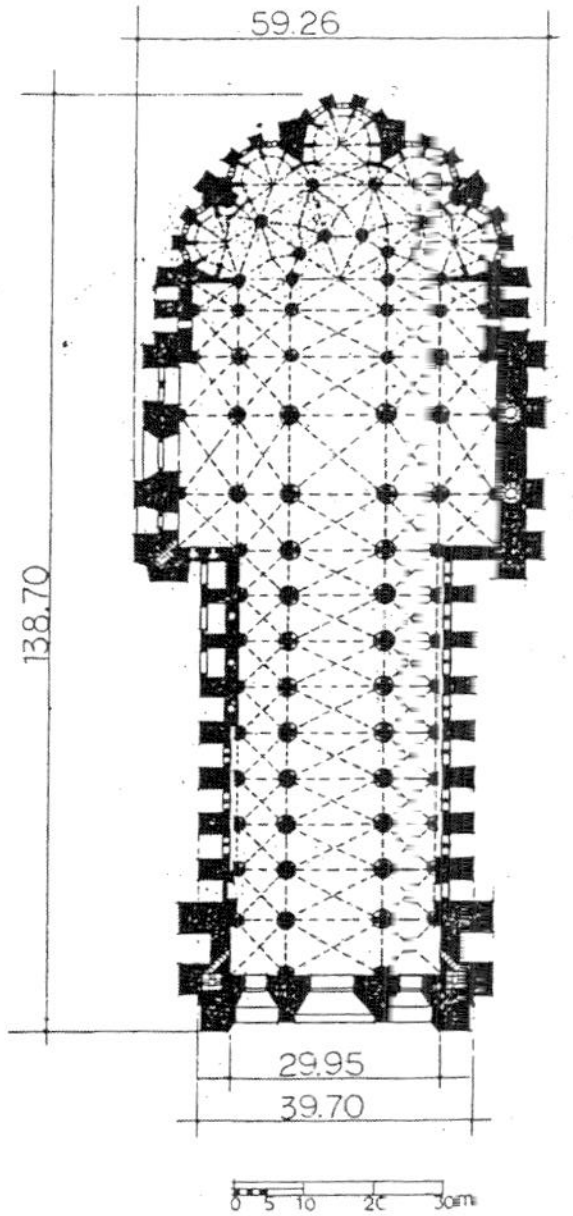

PLAN

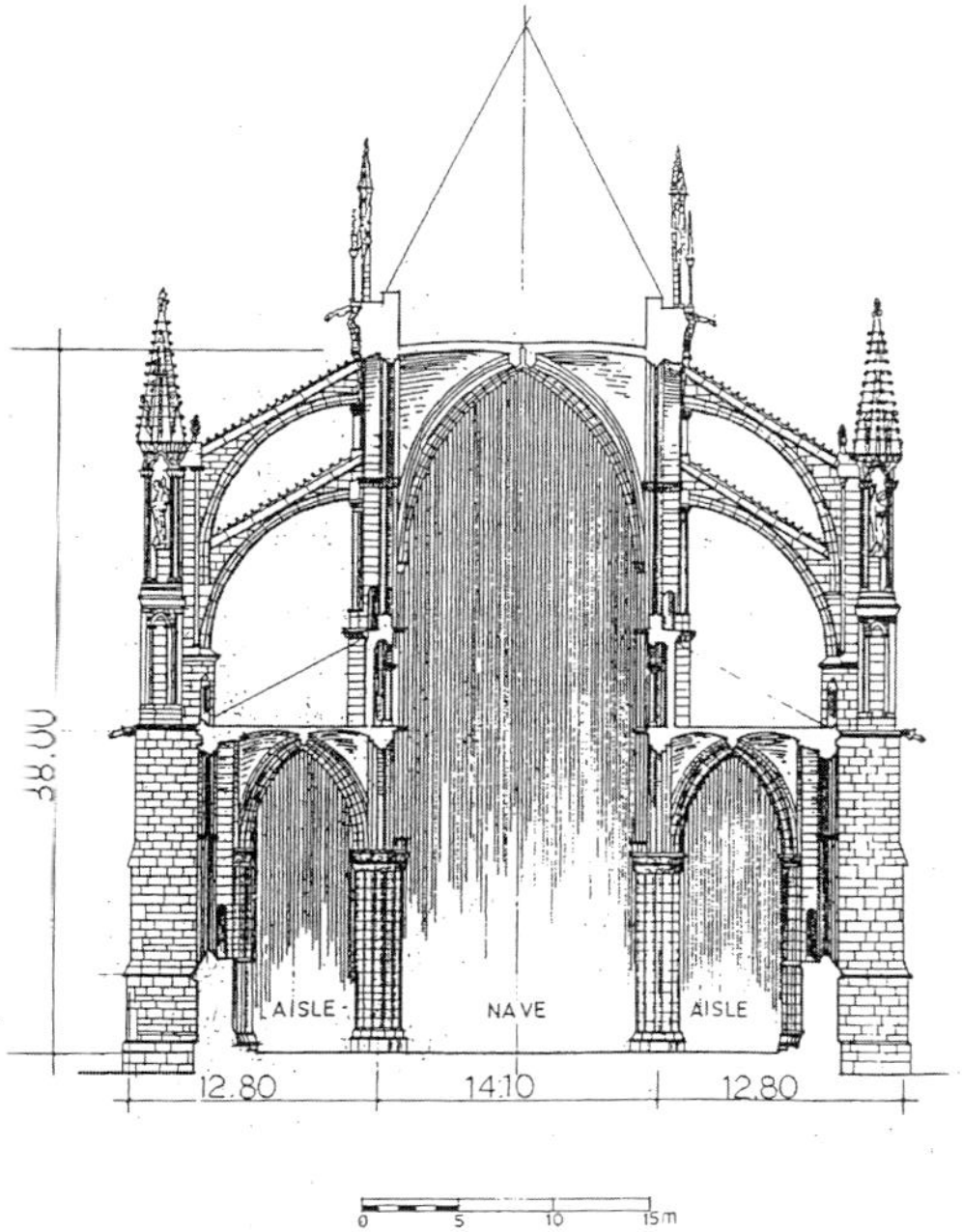

SECTION

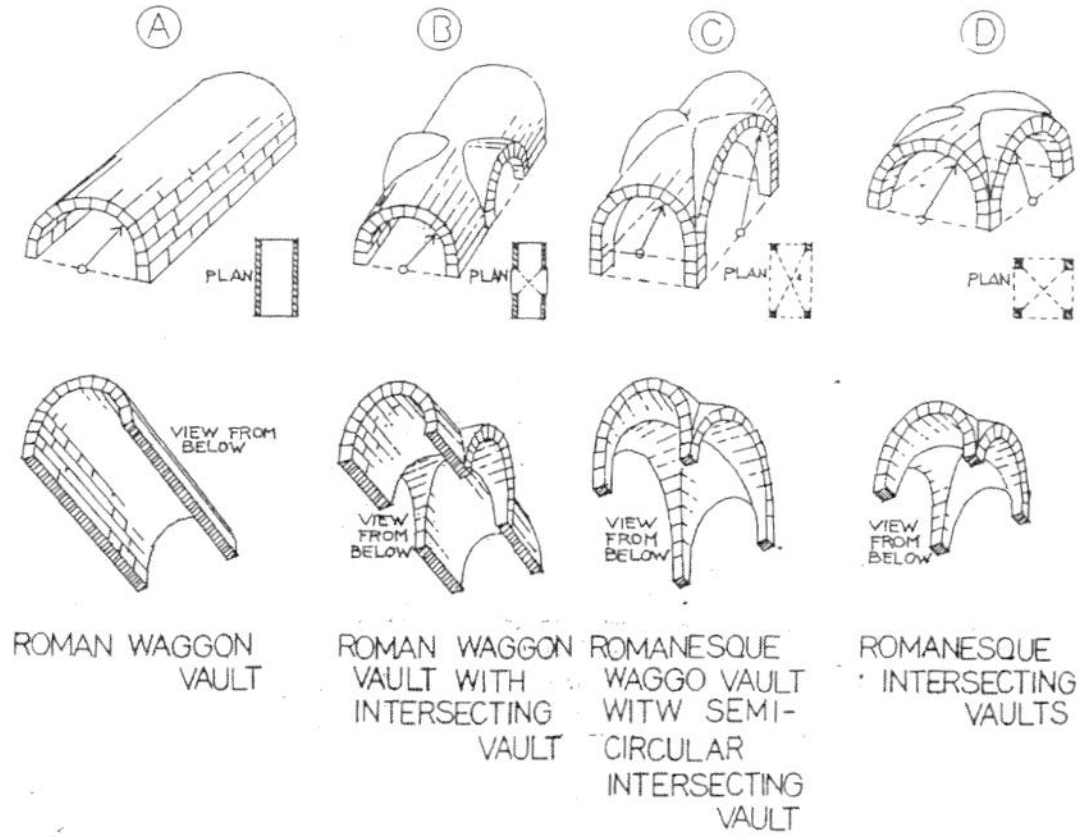

GOTHIC SYSTEM OF CONSTRUCTION

※右上にアーチの発達過程を図にしました。

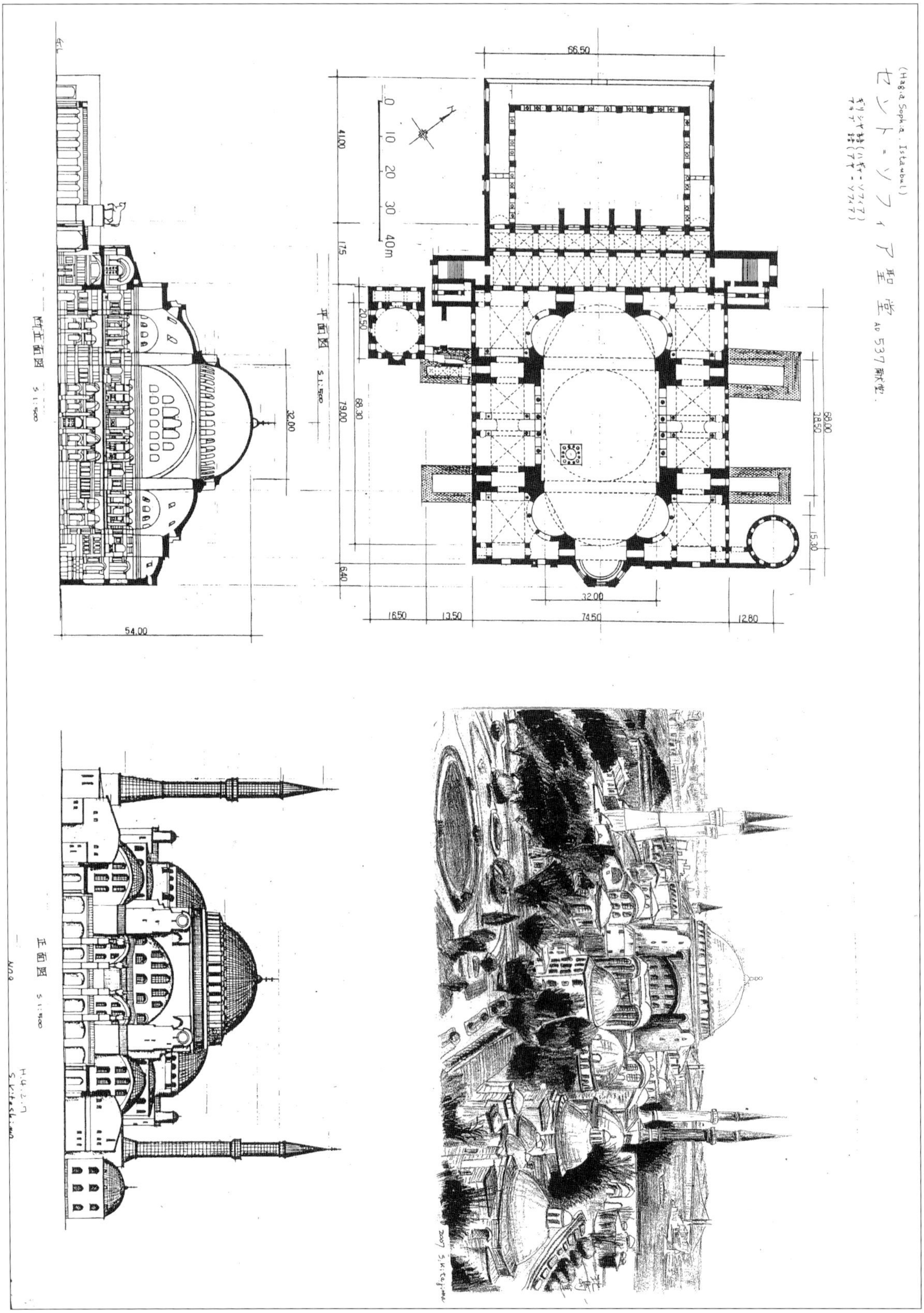
(Hagia Sophia. Istanbul)
セント＝ソフィア聖堂 AD 537 献堂.
ギリシャ語（ハギャーソフィア）
アラブ 語（アヤーソフィア）
平面図 S 1:500
断立面図 S 1:500
正面図 S 1:500
2007 S.Kitajima
H.4.2.7
S.Kitashima
N09

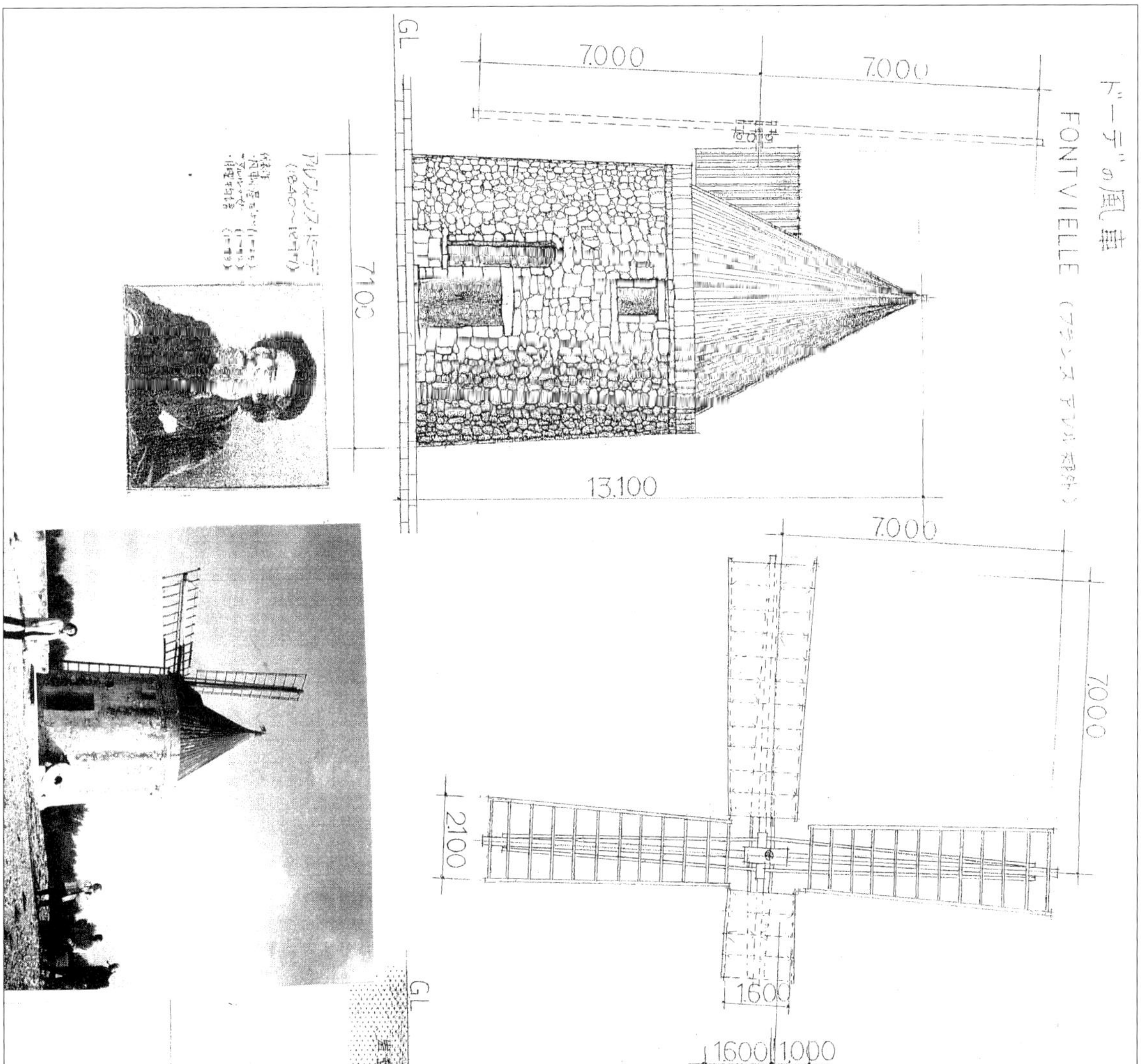
ドーデの風車
FONTVIELLE
GL
7.000
13.100
2.100
1.600
6.900
5.700
6.500
950

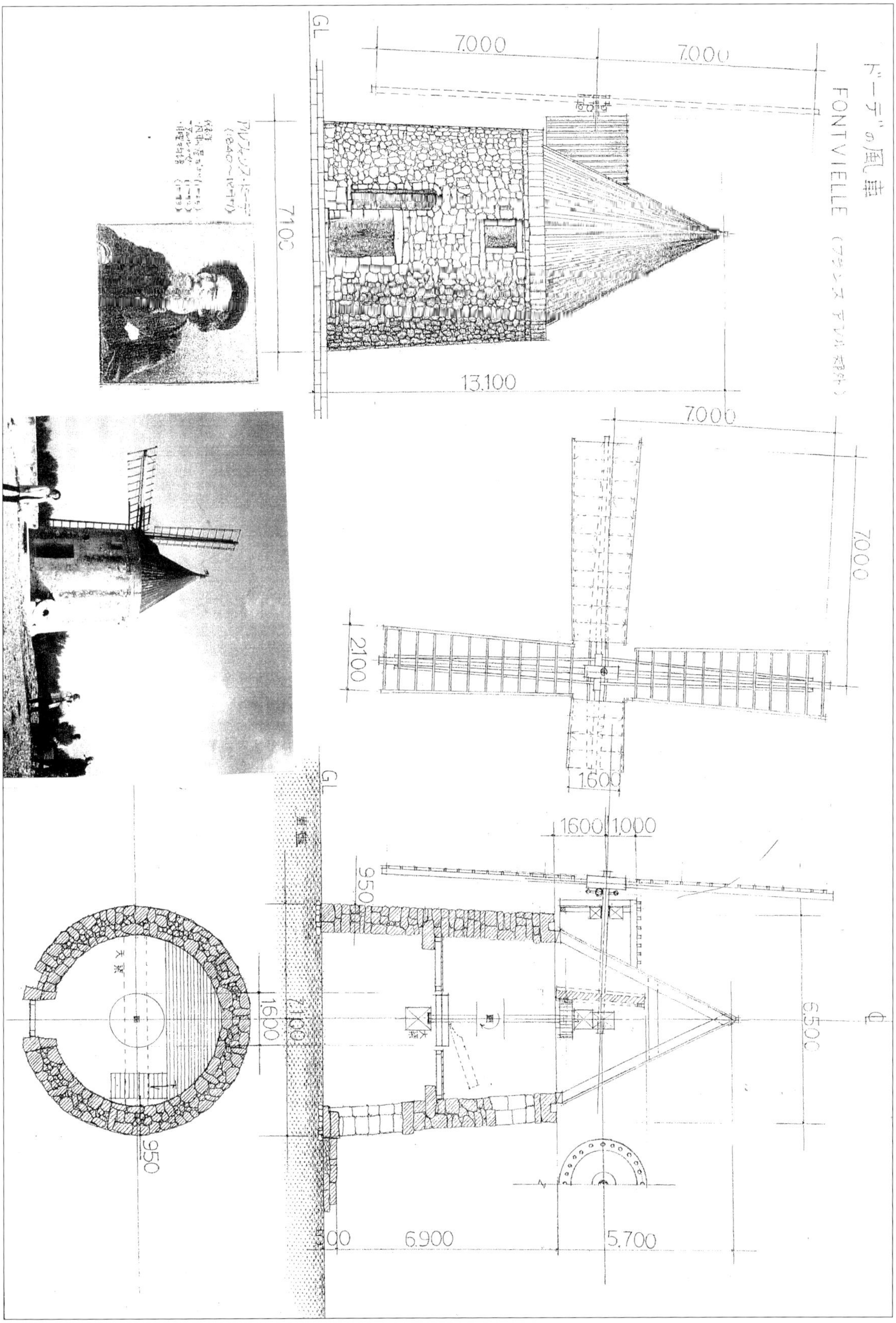

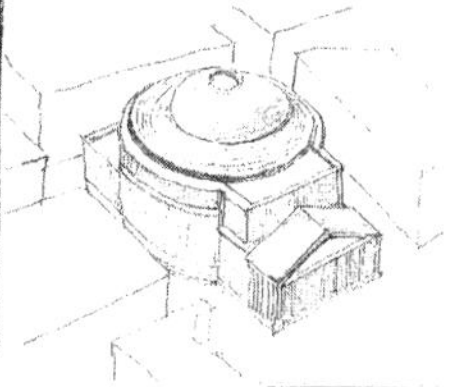

THE PANTHEON OF ROME SCALE 1:200

再建 118〜129 建設者 ハドリアヌス帝
（最初の建設者 アグリッパ Mercus Vipsanius Agrippa 将軍. BC27）

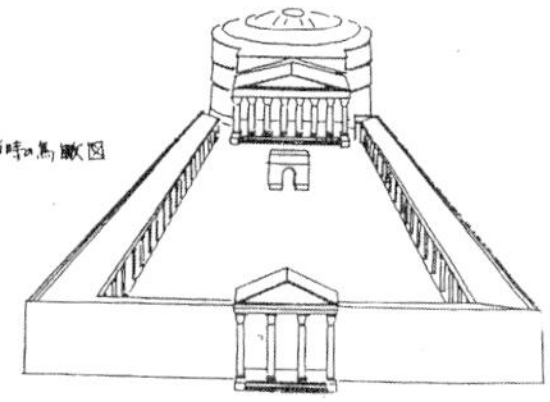

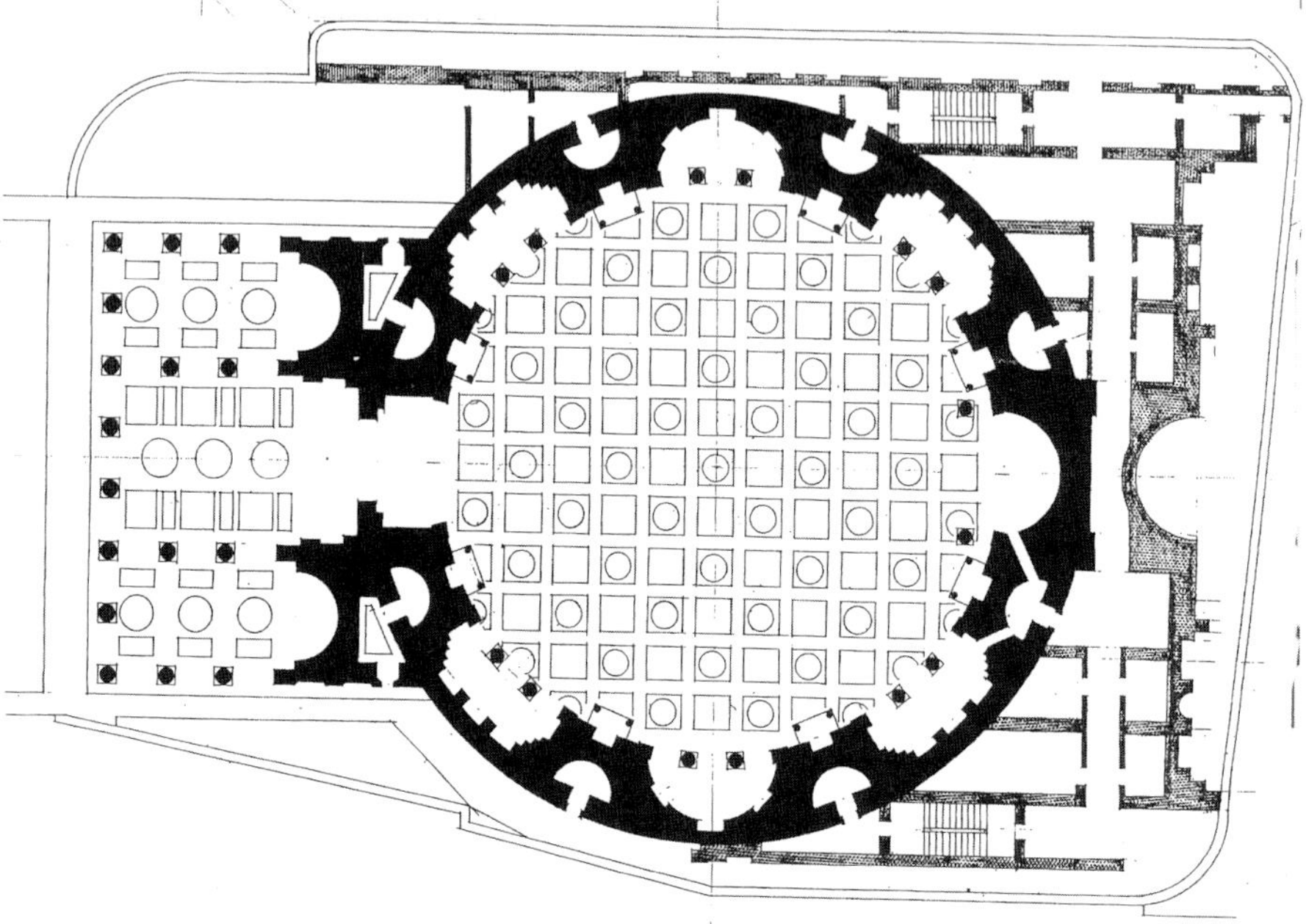

全て）Theon（神）を祭った神殿は、
の建築技術とギリシャの建築美が
融合したものでローマの建築を代
いる、またルネサンス建築と仰が
いる。神殿は直径43.3メートル球
を包む立体構成になっていて、本
造材料はレンガとコンクリートで
当時のコンクリート（ラテン語で
混ぜ固めるの意）は火山灰に石灰
て造られた、このコンクリートは
コンクリートと違い今でも少しず
が出ている。

ドームの使用材料はコンクリート
床やエントランス部分の大理石は
ペルシャ、トルコ、エジプトから
れた。
の周囲には色んな神々を設置「古
ーマの万神殿」。
アグリッパ建設、後に焼失。
年頃 ハドリアヌス帝が再建。

体部分の構造

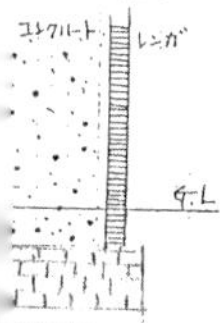

質地盤

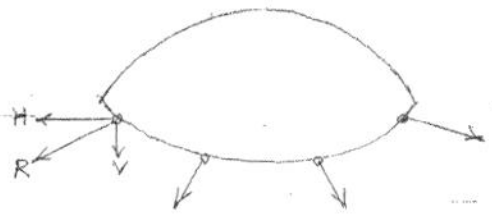

ドーム内の構成アーチ

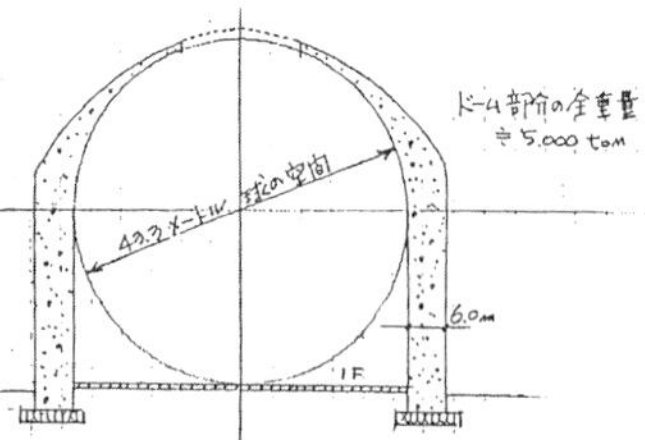

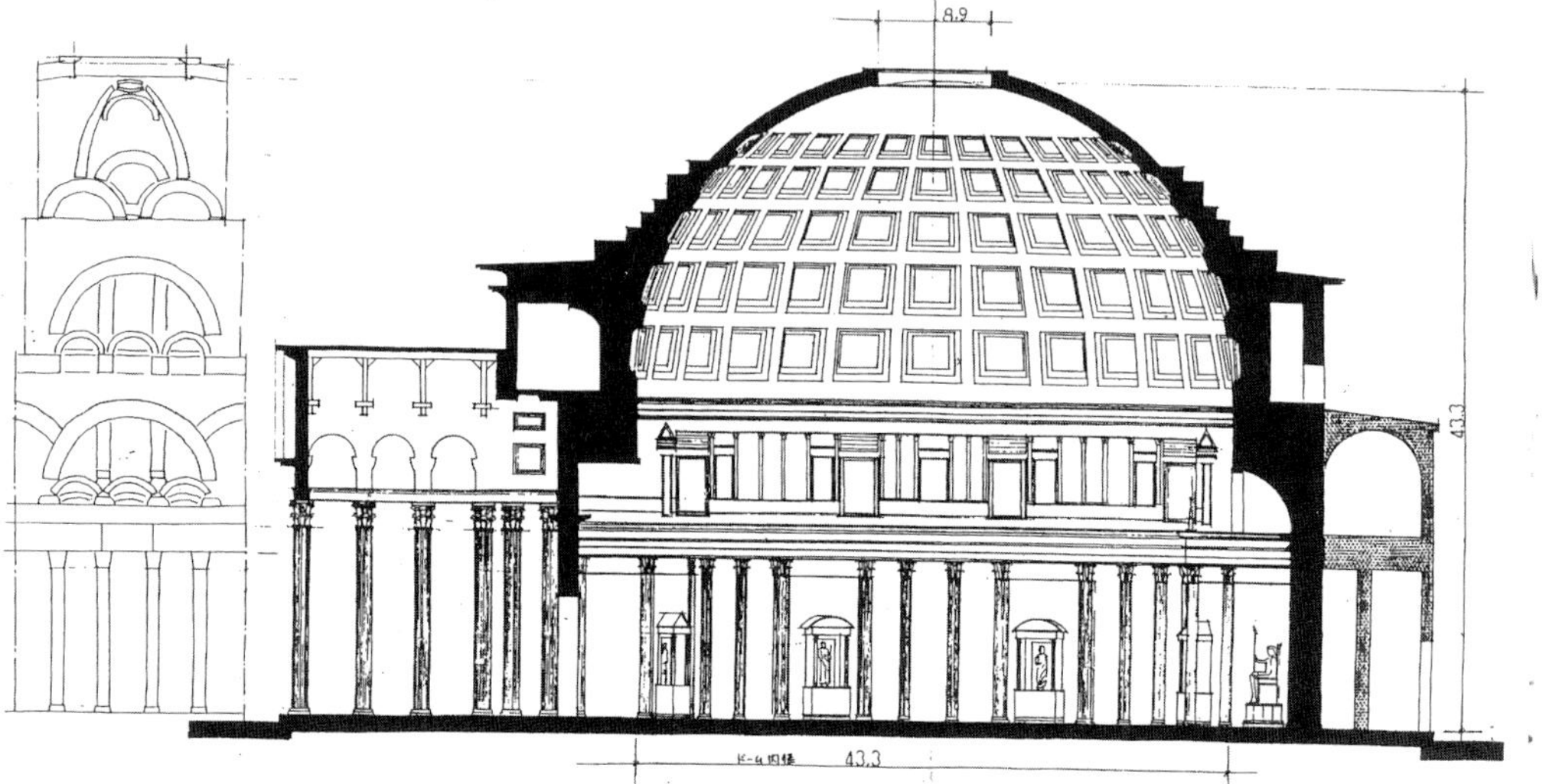

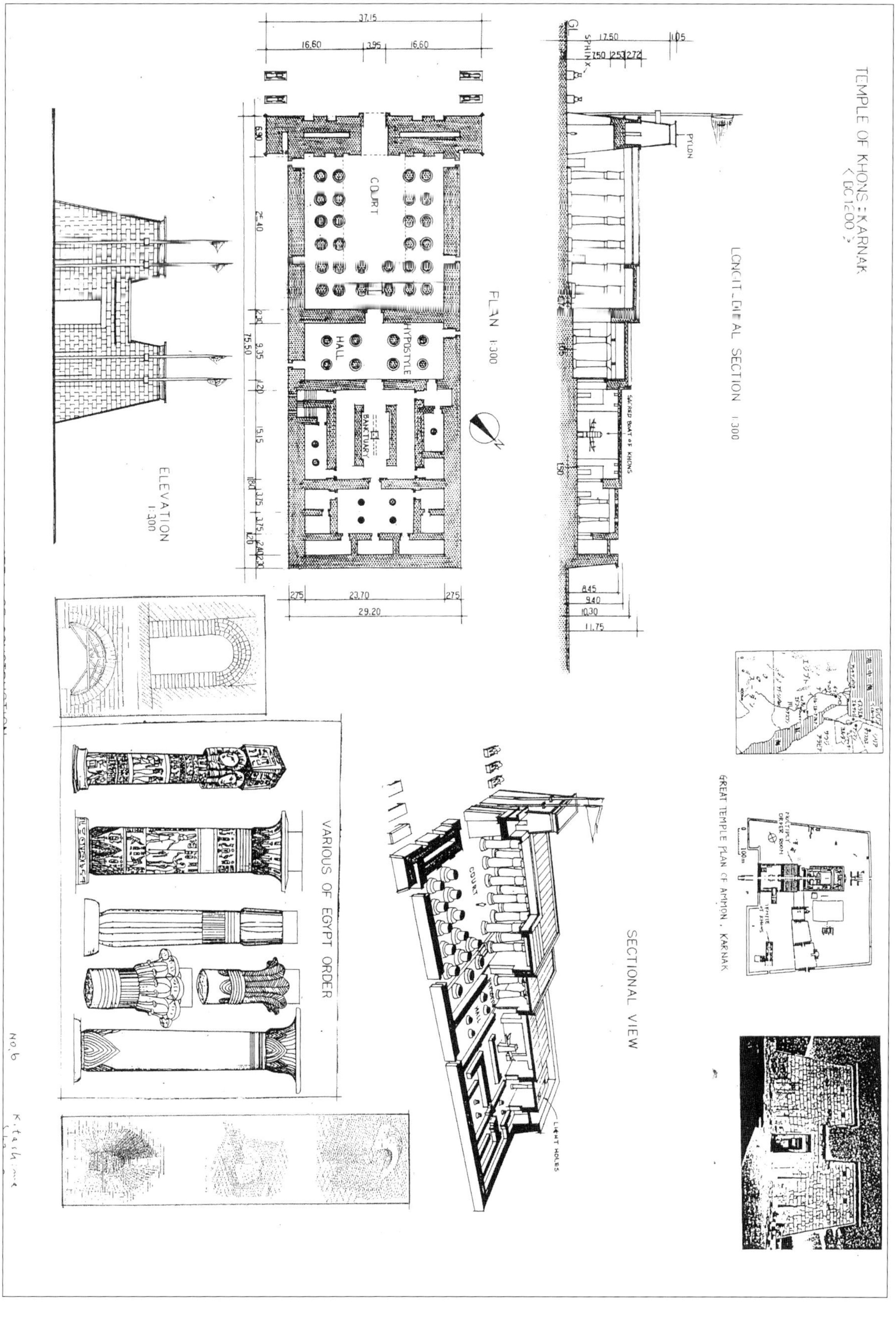
TEMPLE OF KHONS : KARNAK
PLAN 1:300
ELEVATION 1:300
VARIOUS OF EGYPT ORDER
SECTIONAL VIEW
GREAT TEMPLE PLAN OF AMMON , KARNAK

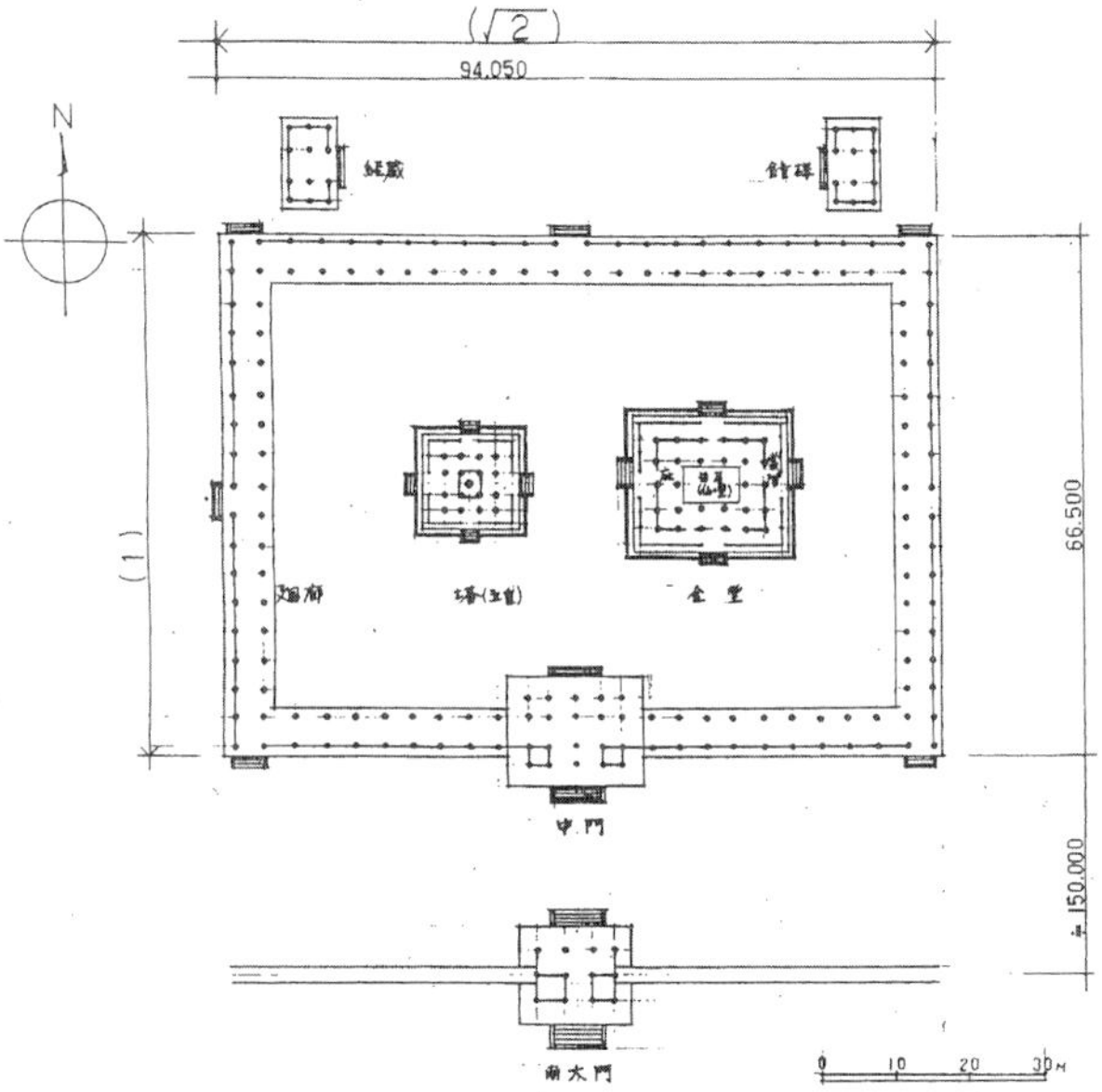

8世紀 法隆寺復原平面図

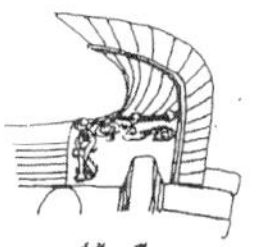

鴟尾

再建法隆寺の軒瓦

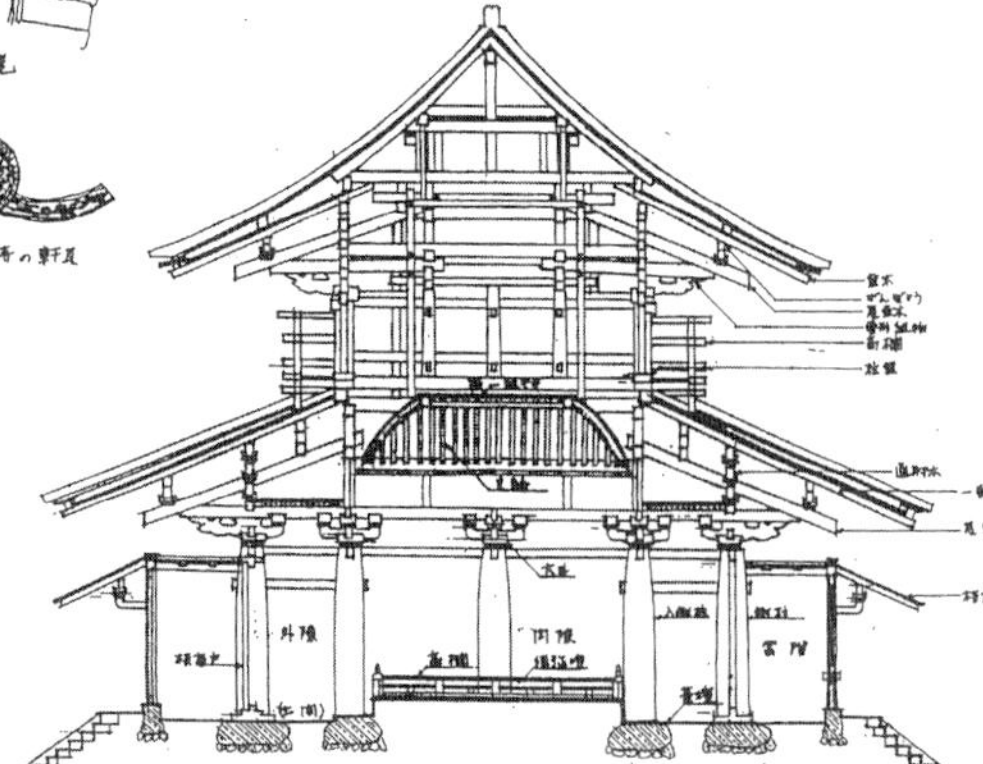

金堂横断面図 縮尺1:100

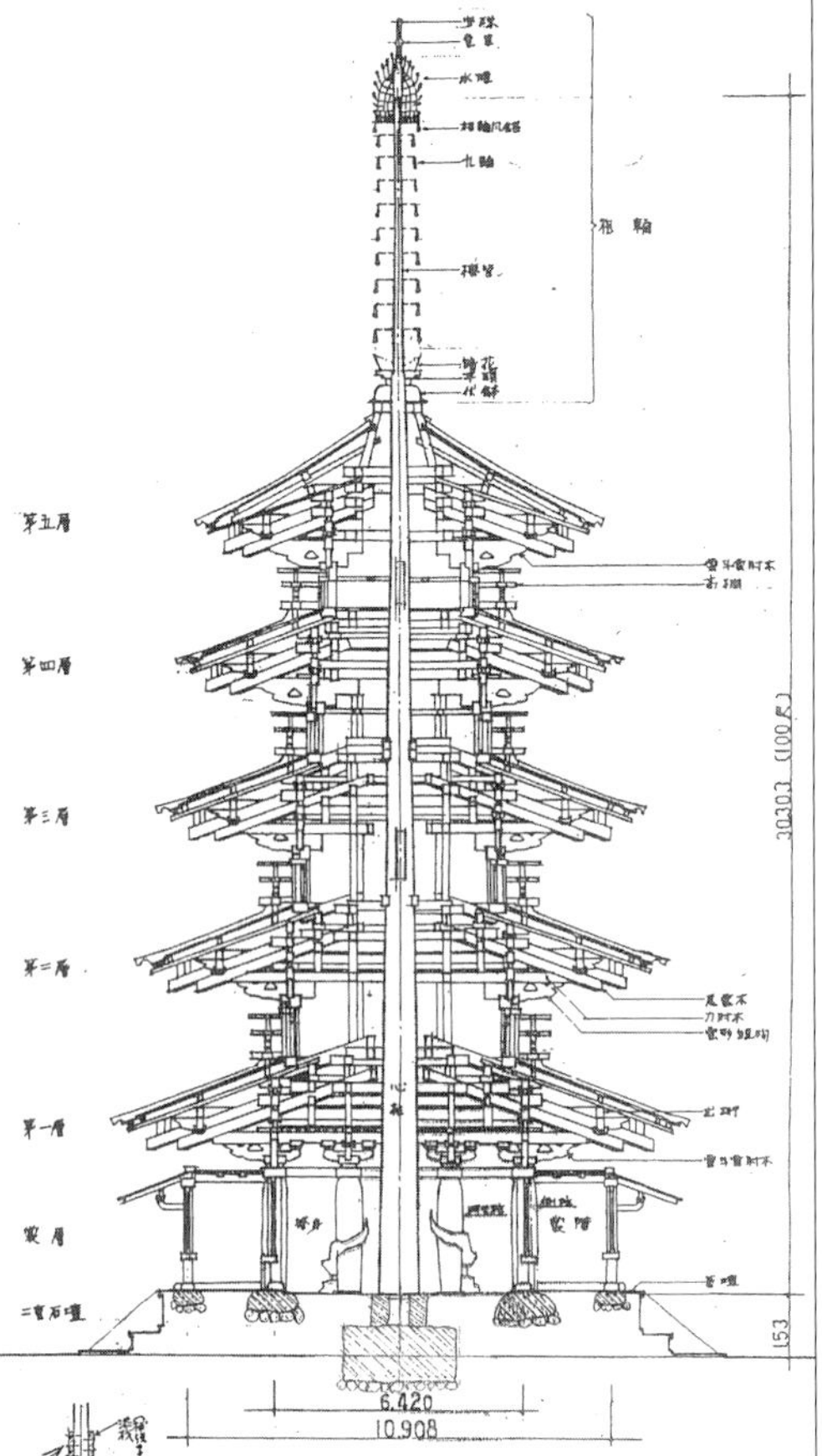

五重の塔横断面図 縮尺1:100

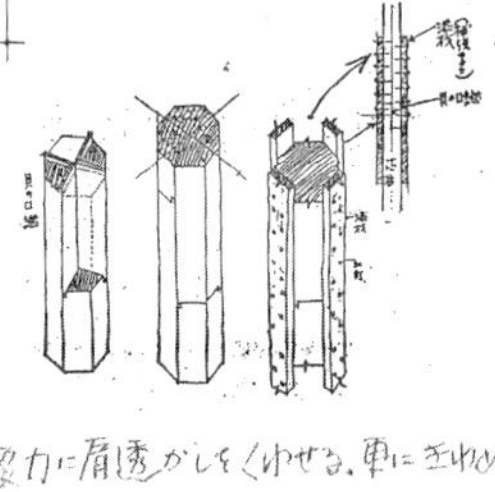

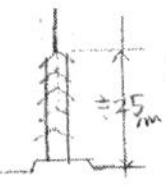

木塔は一般の構造にくらべて、ゆっくり揺れ、地震力に肩透かしをくわせる。更にきわめて大きく変形に耐える性能をもっている。つまり柔構造による耐震性を持つ。→（力に力で対抗するのでなく、柳に風と地震を受け流す構造）

振動周期 $T_s = 25 \times 0.035 \fallingdotseq 0.88$ sec. 〈RC塔の固有振動周期の係数は≒0.02〉

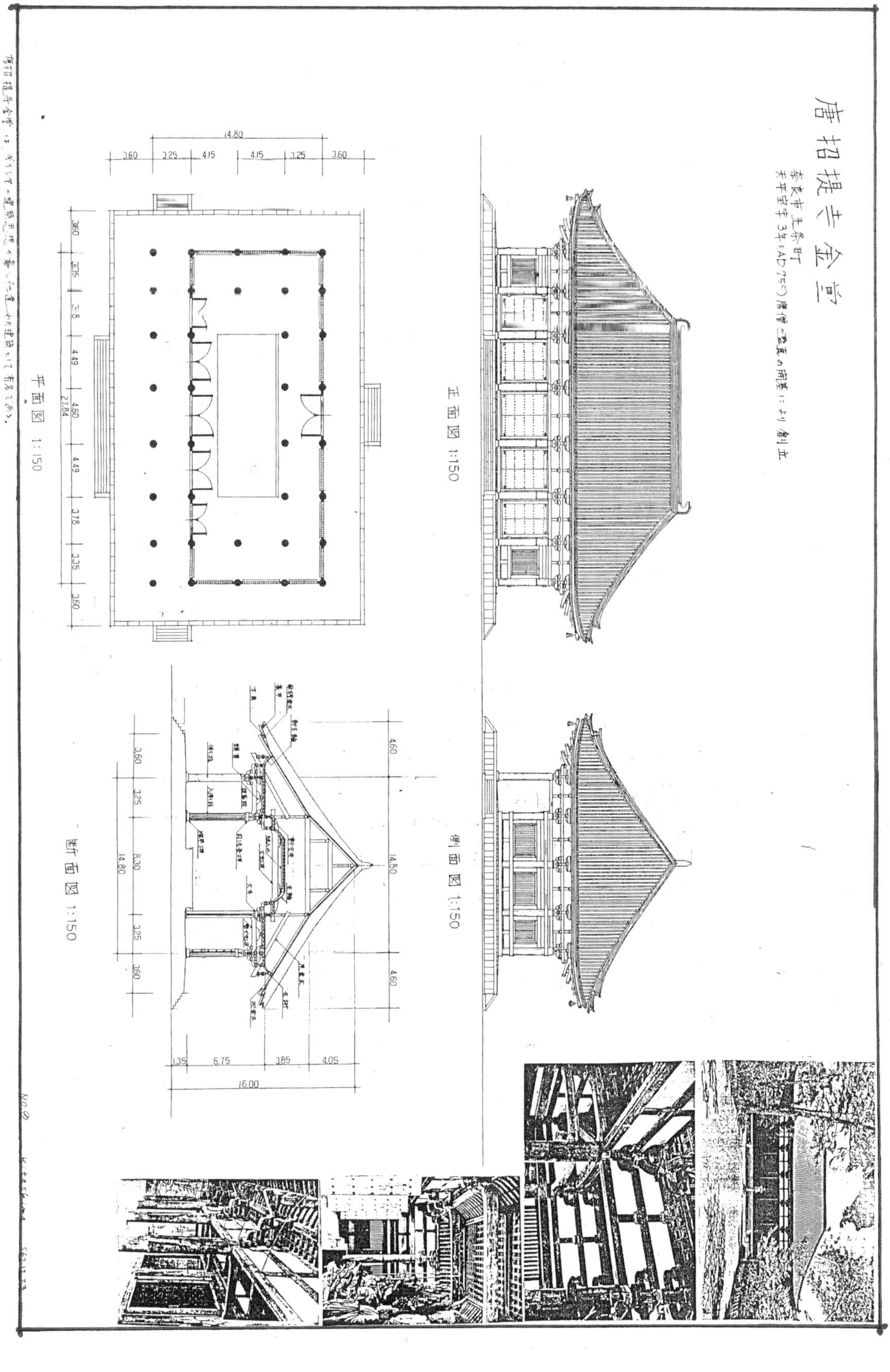
唐招提寺金堂
奈良市五条町
天平宝字3年(AD759)唐僧鑑真の開基により創立
平面図 1:150
正面図 1:150
断面図 1:150
側面図 1:150

東大寺南大門

巧思　俊乗坊重源
様式　天竺様（宋の様式）
建立　鎌倉時代（1190）

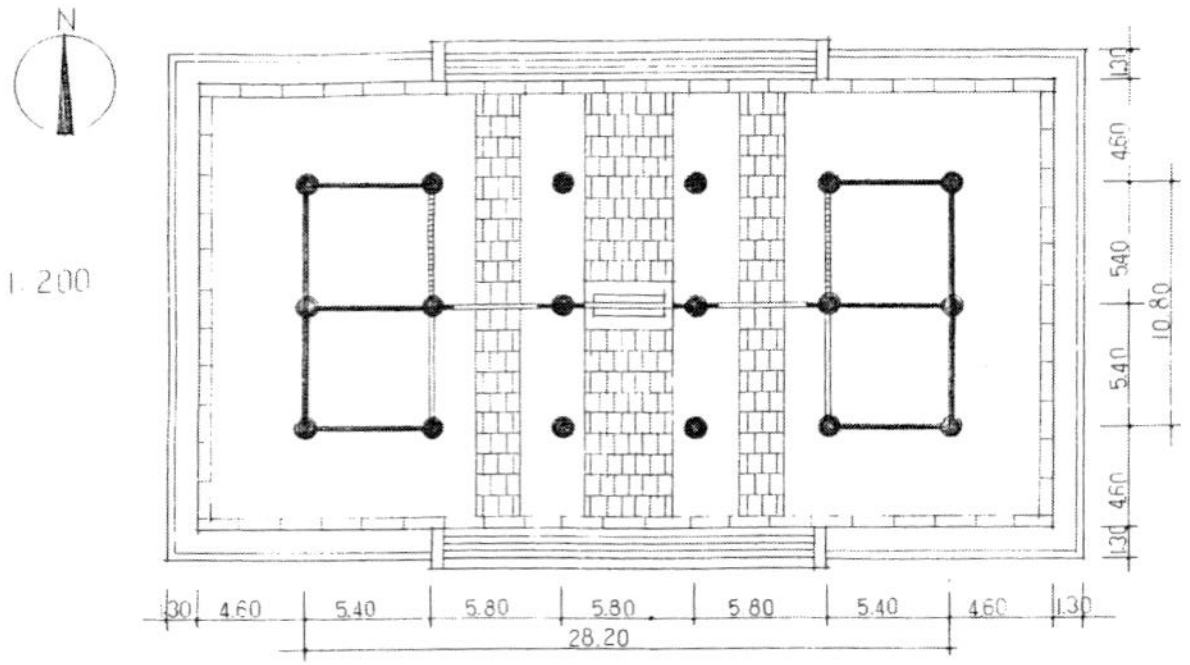

平面図　1:200

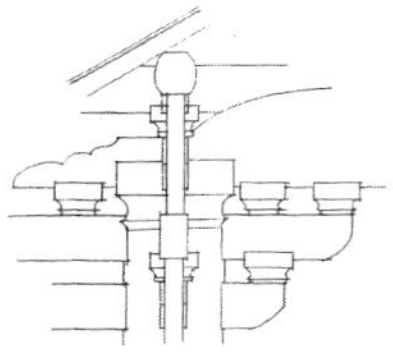

南大門　細部

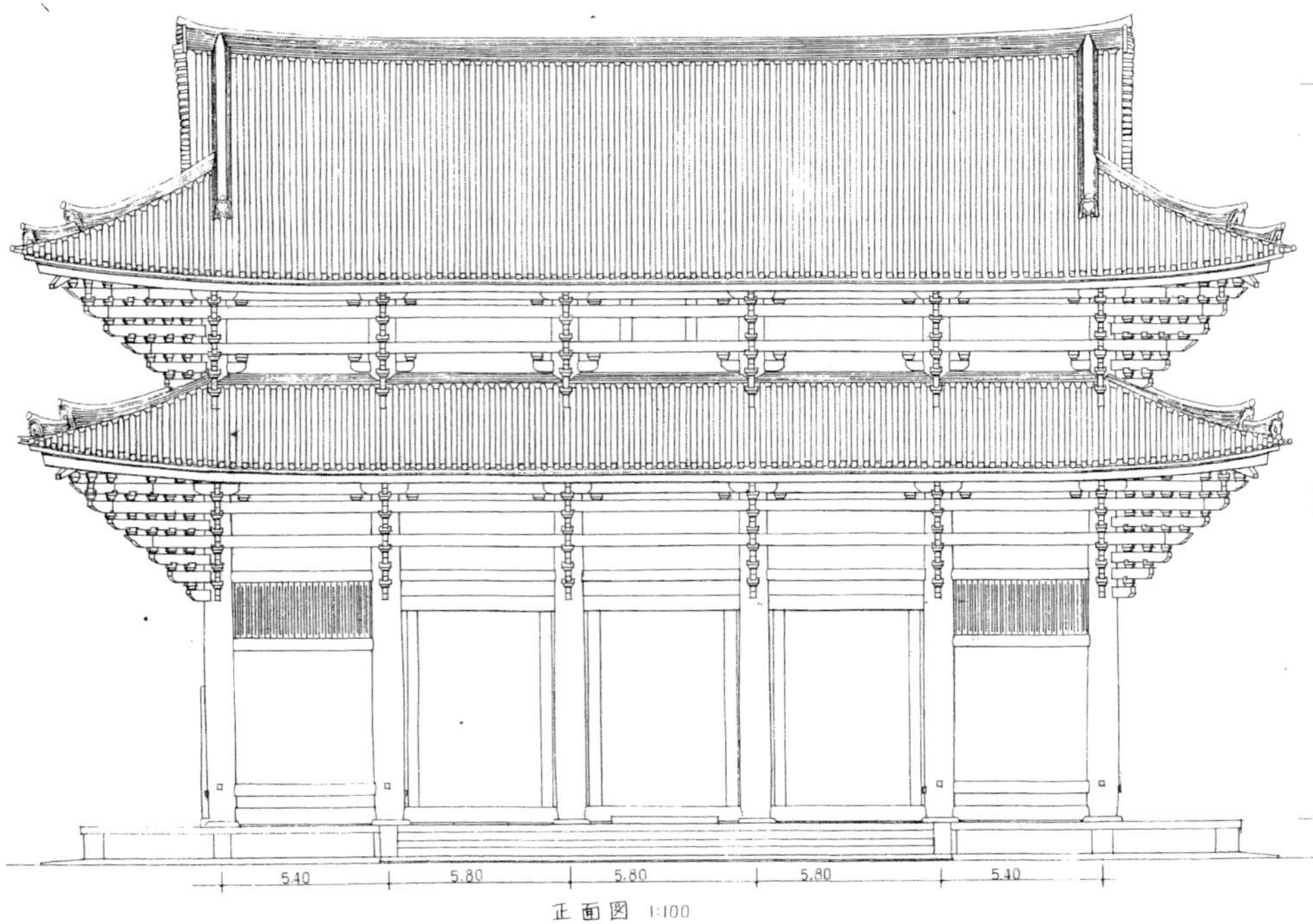

正面図　1:100

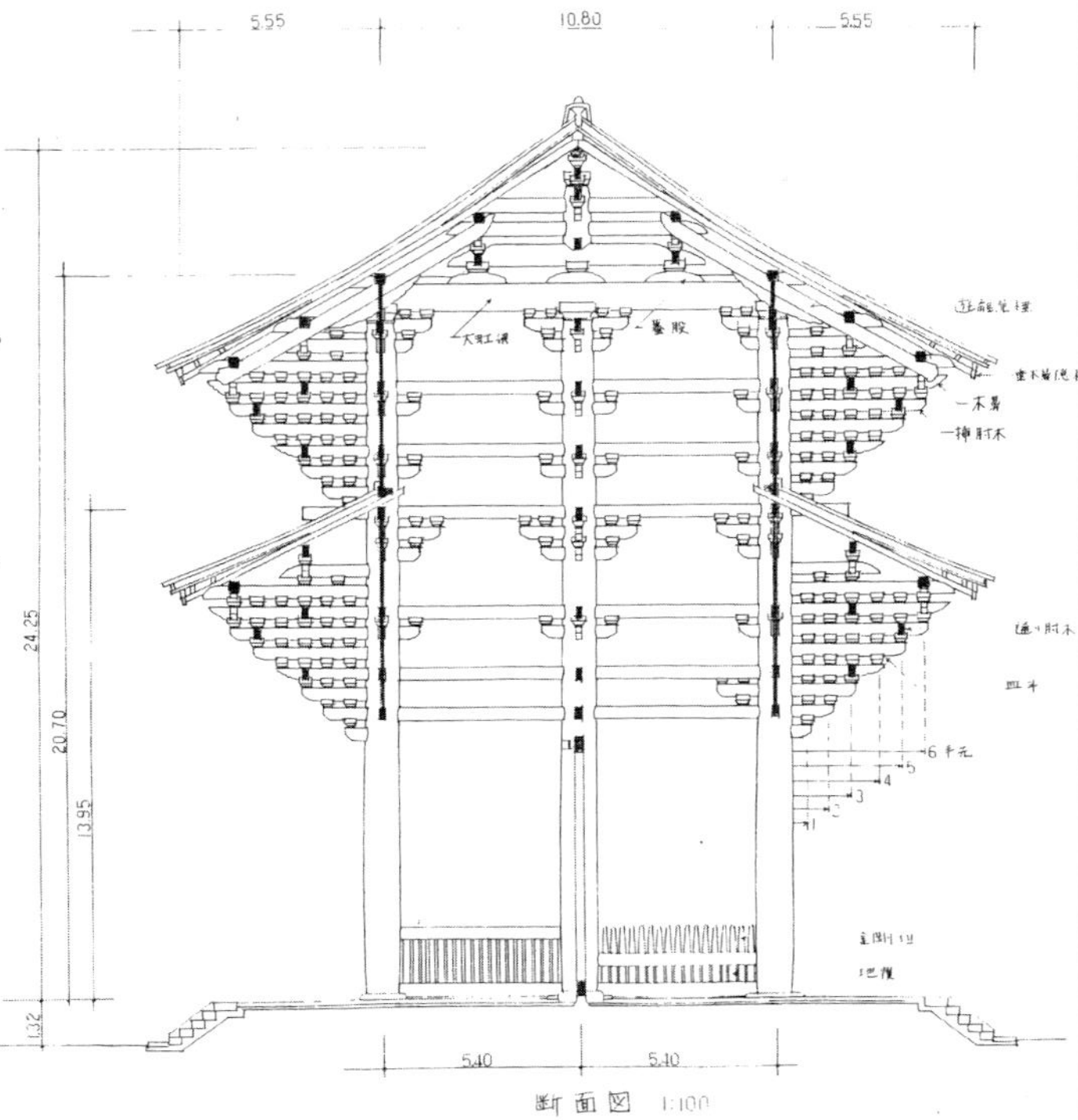

断面図　1:100

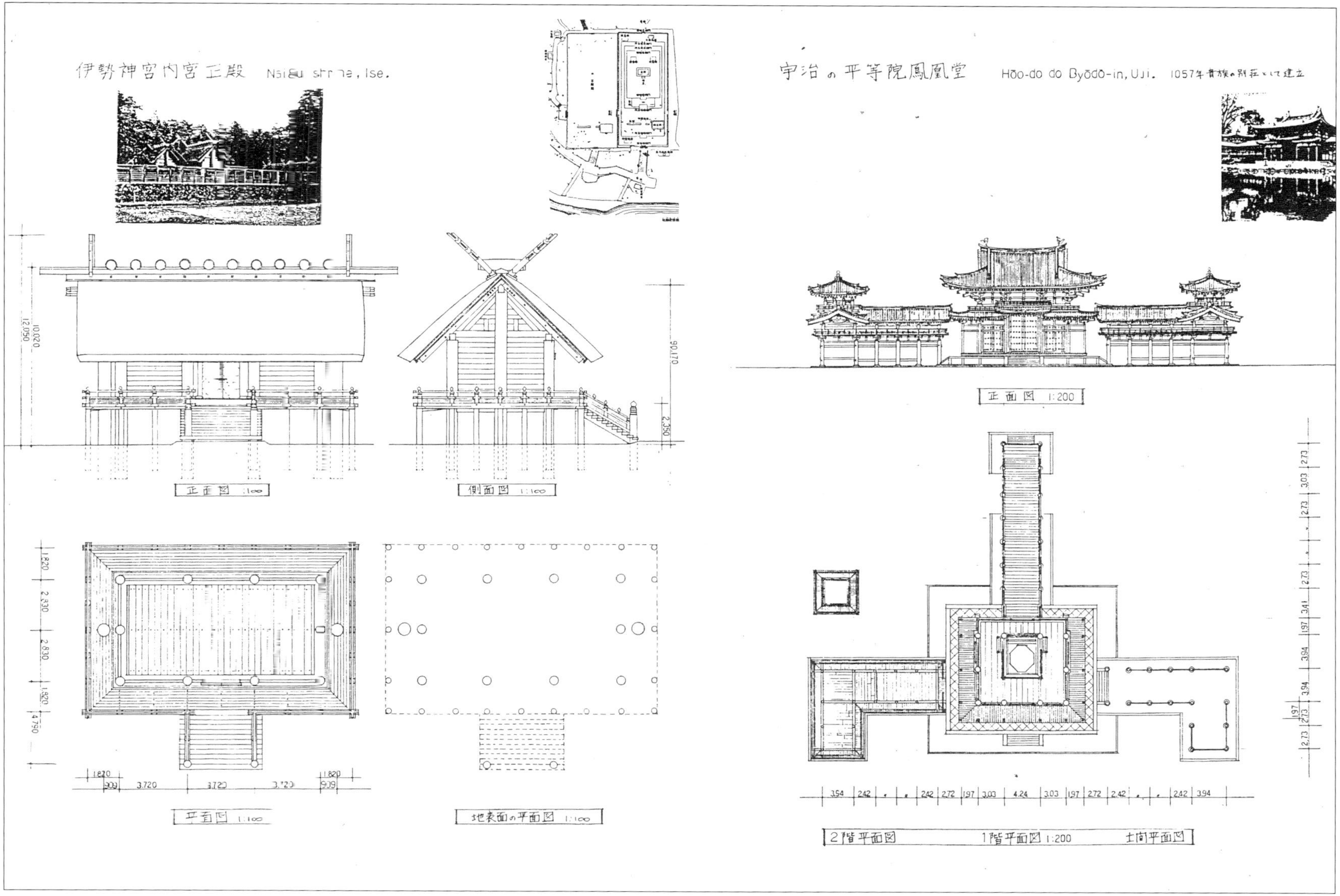
伊勢神宮内宮正殿 Naigu shrine, Ise.
正面図 1:100
側面図 1:100
平面図 1:100
地表面の平面図 1:100
宇治の平等院鳳凰堂 Hōo-do of Byōdō-in, Uji. 1057年貴族の別荘として建立
正面図 1:200
2階平面図
1階平面図 1:200
土間平面図

住いの中の厠、ＴＯＩＬＥＴ考

住いの機能は食卓を囲む団欒、就寝、そして排泄である。排泄するところ、即ち便所は一般に軽視されがちだが、安心して排泄することは住いの重要な要素である。

昔は便所のことを厠と呼んだ。厠を大切に掃除することは、心を研くことに通じ、武家の奥方は、最も清潔に心がけたところと聞く。また厠を清める人は良縁に恵まれるとも信じられ、娘さんは良く掃除をした。このような言い伝えは良縁に恵まれるというよりもむしろ、汚いところを卒先して綺麗にするような、美しい心の娘さんになるととを願ってのことだろう。水洗トイレが普及して来たためか、精神的なものは薄れて来たように思われる。

戦前、大方の小学校には、門を入ると、二宮金次郎の薪を背負い歩きながら本を読んでいる銅像があって、その心を強いられていたようである。近頃の子供は少々生意気で、あんな格好で本を読むと、乱視になるとか言って素直でない。

それはともかく、金次郎先生は糞尿が腐敗し易いように、良い肥やしが出来るように、便所を南側に設けるよう指導された。現代の住居学からすると、もっての外である。当時のお百姓さんは便所のあり方や、衛生の面でも苦労が絶えなかったようである。建築基準法では、道路に接して、汲取便所を設けてはならないとしている。その便所の規則は随分と喧しい。

私も少年の頃、出征兵士のため、人手の少なくなった農家への勤労奉仕（近頃でいうアルバイトでない）で、山深い農村に行き、一生懸命に働いたことがある。私が働いた農家は、便所が庭先の離れたところにあって、夜中厠に行くのが怖かったのを覚えている。電灯はなく、藪蚊はいるし、用をたすと「ボシャン」と汲取便所の肥壺から尿水が跳ね返って来た。なま暖かい風が吹き、笹の葉ずれがする夜や、雨の降る夜は本当に怖かった。

青年時代にはよく山にいったが、雪の中で、「キジ撃つ」（用をたすこと）のは爽快である。雪中に一メートル程、やっと座れるくらいの竪穴を掘るので、前も後ろもその温かみで、ゆっくりと自然に落下して行く。腰を上げ雪をかけると、また一面の銀世界。ある小さな渓流の谷間で、急流を利用しての水洗便所は、心地よい音を残して消えて行く、下界では味わえない快適さだ。

従来の便器には「金隠し」がついている。金隠しといって男子専用的な名称だが、あれはどうも女性用として必然的に生じたものと思われる。私の知人に水洗便所や、便槽の研究をしている者がいて、金隠しに効用や、発射角度とそのカーブについて尋ねてみたが、数学的にこれといった解答はえられなかった。

フランスやイタリヤのある便所には、床の真ん中の穴があいていて、二つのレンガ状の石が足元に並んでいるだけの、しゃがみ式便所も多い。しかしこれらの便所は女性にとって難儀だろうと思う。椅子式水洗便器は、近代文化国家になったせいか、だんだんと身近になって来た。だけどこの種の便器は金隠しがない。時折女性はこまっているだろうな、と勝手な思いをすることがある。私は内気なので、まだ一度もこのことを女性に尋ねたことがない。誰か教えてくれないだろうか。

（一九七二年）

古代都市コリントス住居跡の水洗トイレ

昔の駅や公衆便所は殆ど木造であった。出歯亀氏（便所等を覗くエッチ）にとって幸せであったらしい。金隠しを前もってこわしておき、前面の木造壁下部と、床の接するところに小さな孔をあけ、外から覗くしかけである。近頃の便所は鉄筋コンクリートの頑丈なもので造られているので、覗き孔も穿たれない。さぞ出歯亀氏もぼやいていることだろう。こんなことをあまり書くと私をエッチとカン勘違いされたら大変だからこれぐらいにしよう。

文化国家になったしるしが一つある。一昔前の公衆勉所などには微に入り細に入った落書きがよく見られた。それが管理にも余裕が出てきたせいか現在はほとんどない、日本人の心が和らいで来たのかもしれない。

二十年も前になろうか、別府のあるひなびた旅館に宿泊した。三階の薄暗い便所でのこと。用をしてもしばらく音がない、あらっと思った頃、はるか下でドスンと音がした。これにはまったく驚いた。床はミシミシと心もとない。私か建築の構造を専攻している関係なのか、もし床が落ちたら……と、大変怖くなり、そそくさとでてきた。古びた宿の便所は関取りが泊まったら危険だから、要注意の張り紙をしたがよい。あの宿屋も今は近代式のホテルに建ち替わっていることだろう。

中学時代の同級生に殿様の子孫がいた。その殿様が使った別荘の便所を見て驚いたことがあった。今は戦災で消失したが、四畳半の広さには畳が敷いてあり、床の間もある。便器には模様入りの漆がして塗られ、今の洋式便器並みに椅子式であった。汚物は毎回取り除くようになっていた。今残っていると文化財に指定されるかもしれない。

和風便所の空間は素晴らしい。近頃はやや広めになったが、広さ畳半帖、高さ六尺の空間は座っていて、ものを考えるのに適しているのでなかろうか。時には用事が終わったあともそこに佇んでいると色々な発想がうまれる。偶然といって良いほどの素敵なアイデアも沸く。

日本にすんで良かったということは、海外を旅行して初めて気がつく。日本のトイレはどこに行ってもチップはいらないし、街を歩いていて、必要に迫られれば、ちょっと気がひけるが、どこかのデパートかビルでも用件はすむ。しかし海外はいずこもチップが必要である。ヨーロッパでは一般のビルの便所には鍵がかかっていて、外部の者は利用出来ない。もっぱら有料便所である。

私はヨーロッパ等を旅行中、チップの小銭がないのでしかたなしに、コインか札で千円ほどのチップを払ったこともしばしばあった。時には小銭があっても多くのチップをやることもある。歳老いたおばあさんなどが立っていれば、慈悲の気持ちが先にたつのは人情であろう。見上げるばかりの大男が立っていれば、日本人は気前が良いぞとばかり、たくさんのチップをはずんでしまう。これなんかは後になって少しもったいないいきがする。

エジプトでのこと、一流ホテルのロビーに近いトイレに入ったとき、本当に落ち着けなかった。左も右もトイレの客の膝から下はまる見え、床から五十センチぐらいは壁がない。少しかがむと

ギリシャ・コリントスの古代のトイレ

一人おいた先の客足まで見える。勿論ドアーの長さも短い。ちょうど西部劇に出てくる酒場の入口のようだ。あんなトイレはどうも不安でいけない。私は直接見たことはないが、中国やヨーロッパのある駅の便所は、衝立もなく肩が触れんばかりに並んで便器に座るところもあるとか。われわれからすると何と奇妙なことか。

　ギリシャを旅行したとき、アテネ近郊の古代都市コリントスの遺跡で、現在の水洗トイレの原形を見た、その時は嬉しかった。

　少々雑な造りであったが、円形の石板に直径三十センチぐらいの丸い穴をあけたのが幾つか並び、穴の下が流れている。臭い消しのため香水もかなり使ったらしい。香水はトイレの臭気消しのために発達したのかもしれない。

　今世紀の初めのころ、フランスの建築家ル・コルビゼーは、住宅は住いの機械といってのけた。この言葉だけをとって言えば、私も異議があるし、多くの建築家も抵抗を感じていることだろう。

　近頃のトイレには、温水温風式のトイレが普及しつつある。衛生や健康の面では好ましいことであるが、住いがいよいよ合理化し、機械化されて行くことは、なんともやりきれない。昔の厠のように、時折尿水が跳ね返って来た時代が懐かしいし、また住いという感じがする。住いがあまりにもパーフェクトになるよりも、いくらかの不便さもあってよいのではなかろうか。

文明の母なる川、ナイルに思う

　歴史の父と呼ばれる前五〇〇年頃のギリシャの歴史家ヘロドトスは、大旅行をして彼の著『歴史』に「エジプトはナイルの賜物」と名言を残しました。私は建築を学んだ始めの頃より一度は文明の発祥の地である中近東の各地に旅したいと思い続けていたが、今回エジプトに行く機会を得た。

　エジプトも中近東の大方がそうであるように、赤茶けた砂漠、赤褐色の岩山、乾ききって一木一草もない荒涼たる大地が国土の九六%を占める（国土は我が国の二倍半、人口約四〇〇〇万人）。

　機上から初めてこの乾ききった大地を見下ろした時、私はあまりにも厳しくすさまじい景観に息をのんだ。デルタ地帯をのぞけばエジプトの年間雨量はゼロに等しい。しかし母なるナイル川がこの乾ききった大地を潤し、カイロから南に向かって帯のように細長い沃野をなし、農耕を可能にして、古代文明を育んだ文明の母ナイルの役割ははかり知れない。かつて四〇〇〇年にわたり繁栄した古代文明は、ナイルなしに考えられない。

　私はこの母なる川ナイルの河口にあるカイロ市を起点に南へ、ギザ、メンフィス、カルナック、ルクソー、王家の谷、メムノン、アスワンなどにある墳墓や遺跡、そしてエジプトのもっとも南に建つアプシンベル神殿と、途中農村にも立ち寄りながら旅をしました。誰でもが旅で驚きと新鮮さを学ぶように、私もいろんな知識と認識を新たにしながら、このエジプトの旅ではナイル川の水の利用とその限界をいつも心に抱きながら旅を続けたような気がします。

エジプト南部アスワンには一九〇二年完工のアスワン・ダムがあり、その上流六キロには　九七一年に建設されたアスワン・ハイ・ダムがある。このナイル川渓谷に沿って出現した巨大な人造湖ナセル湖は長さ五〇〇キロ以上（東京―大阪間）、中間の湖の幅は約二〇キロあり、またこの湖の末端は隣国スーダンまでものび、周知の通りそれが多目的であり、ダム型式はロックフィルダムである。実に現代のピラミッドであるが、利用度を考え合わせるとその比ではない。また人造湖出現のためには一〇万個余りの住宅や、アブシンベル神殿その外多くの古代の遺跡を水没から守るため、国際的協力による移転の工事が行なわれたことは絶賛にあたいする。

ナイル川上流、アスワンダム近くの砂丘にて

しかしダム建設にあたり紆余曲折はあったにしろ、当時のナセル大統領の推進力と英断、そして技術者達の実行力は偉大なものである。

ナセル湖の水は湖畔の下流の砂漠に広大なる農耕地や牧草地に送水される開発が緒についたにすぎないが、専門家によるとナイル川の本支流には、まだまだ多くの開発の余地が残されているといわれる。現在進められているプロジェクトの一つは、ナイルの水をパイプラインでスエズ運河の対岸まで運び、かってイスラエルの電撃作戦により占領されたこともあるシナイ半島の全土を、肥沃な土地に変えさせるべく建設がなされているので、半島の多くが二十数年の後には、緑深い田畑となるであろう。このほか様々なプロジェクトが進行中であるとききます。

生活レベルも低くさりとて産業を持たぬ所謂、開発途上国とはいえ、かつては雄大な文化を生み出し、四〇〇〇年もの長いあいだ繁栄を保ち続けたエジプトである。母なるナイルの水と、有望な地下資源や、燦々と照りつける太陽熱とを限りなく利用し、一刻も早く近代に相応しい国家に甦ることを望みながらエジプトを後にした。

帰路ギリシャのアテネに数日滞在した。現代の人々が文明のふるさとを求めてギリシャを訪ねるのは、アテネのアクロポリスの丘になにかを問いかけてみたい衝動が心のどこかにうごめいているからであろうか。私もこの地中海の紺碧の空に調和のとれたアクロポリスの丘（都市での高い所の意）に登り、パルテノン神殿を前にした時は、古代建築美の真髄を知ったようで、少年の持つ感情の躍動が私にも甦ってきたようであった。

わずか二週間であるがエジプト、ギリシャを駆け足で巡り、古代文明をほんの一部かいま見て来たにすぎないが、後世のルネッサンス建築、ひいては現代の建築におけるオリジナル、そして考察の方向を再確認することが出来たのは幸いであった。

パルテノン神殿は素晴らしい。アクロポリスの地理的な調和も

エジプト、ピラミッドの見える風景

あるが、その理由はやはり神殿自体の均衡である。視覚による錯覚をなくすため柱にエンタシス（柱身は上端に行くにつれ細く、中頃は丸味をおびて膨らみ脚部はほとんど同じ大きさで床に安定している）がある、このエンタシスは、奈良の法隆寺の柱にもあるし、また平面における柱割や、立面のピロティー形式等における数学的な各部の割付けは先の法隆寺や、唐招提寺の各金堂とほぼ一致するものである。これは古代よりギリシャの建築文化がシルクロードを経て東洋の島国まで渡って来ていたことを証明するものであろう。

エジプトの農村は貧しい。日干しレンガ（土と麦わら等を練り混ぜ一定のレンガ状にしたもの）を積み重ね屋根を草葺きにしたものが大方で、生活も著しく低そうである。一部の地方には鉄筋コンクリート造りのモデル住宅も建ち始めているようであった。鉄筋コンクリート造りは日本と違い地震や台風がないので、柱、梁が細く私達からみると高層になればなるほど、実に危なかしい。エジプトには凶悪な犯罪が殆どないという。人々は皆明るい。この国民性は何によるのだろうか、地理的要素より宗教に起因するのでなかろうか。

（時間の変遷により、私の当時の考えとかなり変わった部分がある。それは今ナイル川は、ナセル湖建設でナイル河畔の緑地に塩分の上昇が生じ、農作物の収穫に多大な影響が生じているし、ナイル河口が上流からの養分が途絶えの漁業の収穫量が激減していると聞きます。自然を大きく造りかえる事は、人類に色んな影響を与えることが近年分ってきています。

（一九七八年）

移設前のアブシンベル神殿

幻と消えた空中都市マチュ・ピチュ

アマゾン川の源流の一つ、ウルバンバ流域の深い山の中に、マチュ・ピチュの遺跡がある。三面をウルバンバ川に囲まれた断崖絶壁の、このインカ時代の遺跡に立ったのが昨年春であった。

ペルーの首府リマからインカ帝国の首都であったクスコへ。このクスコのサンタ・マナ駅から、マチュ・ピチュ行きの古いツーリスト列車に乗ること四時間、この間の窓から眺める景色は、風光絶佳その変化は極めて印象的であった。遠くアンデスの大雪山を望みながら、列車はインカの神聖な河のほとりを通過する。初めはピルカマヨ川、また太陽川と呼ばれた川は、流れるにつれ下流はウルバンバ川となる。この川のほとりで遺跡の麓にある駅プエンテ・ルイナスに着くと、バスに乗り換え、眼の前を流れているウルバンバ川の吊り橋を渡る。このあたり海抜二〇〇〇メートルで、バスは電光形に十五〜十六回屈折する。花崗岩の山腹に開設された山道を、三十分ほど断崖に添って登る。これがマチュ・ピチュの発見者の名にちなんだハイラム・ビンカム道路である。

ハイラム・ビンガムは、アメリカ合衆国エール大学の助教授、ナショナル地理学会の会員で、一九一一年七月、マチュ・ピチュを発見、翌年と、一九一五年に大規模な発掘をおこない、この遺跡を世界に紹介した。この道路を登りつめた絶壁の上に、隠れるように建設された都市が空中都市とか、幻の新インカ都市と呼ばれているマチュ・ピチュである。この都市に立つとアンデスの峰々が限りなく続き、その眺めは雄大であった。

高度な文明をもつインカに白い人間が入ってきたのは一五三〇年代である。インカの首都クスコは往昔、南米に勃興した大王国の首府であった。この古都には、未だかつて見たことない絢爛たる文化が栄えていた。

十六世紀の初期、黄金の噂を追って、スペイン人はメキシコのアステカ王国征服に続き、南方の黄金国ペルーに探検を開始した。南スペインの出身で野心家のフランシスコ・ピサロは、一五三一年、パナマから一八〇人と、三十七騎からなる軍団を率い、インカ北高地の町カハマルカで、インカの皇帝アタワルパを計略をもち捕らえ、石の建物の一室に監禁した。

皇帝を幽閉されたインカは、スペイン人が黄金に異常な興味を示すのを見て、黄金を室に満たすことと引き換えに、釈放してもらうとの約束で、金銀を集めたにもかかわらず、ピサロは彼を絞首刑にしてしまった。

皇帝を失ったインカは崩壊した。その後、ピサロ軍は同じ年人口二〇万を誇るクスコ市に、無抵抗の入城をしたのである。しかし新しいインカの位についたアタワルパの弟子マンコは、反乱を企て、ピサロの弟エルナンドの率いるスペイン軍のいるクスコを包囲した。一時スペイン軍は危機に瀕したが、ピサロは一年後この囲みを解いてアンデス山中に奥深くに退いた。マンコの死後、その子達が次々にインカの位についたが、最後のインカ王、トパック・アマルーがスペイン人に捕らえられ、クスコ市で処刑され、ついにインカ帝国は滅亡することになる。

クスコに逃れたマンコや、その子供達はウルバンバ川、及びそ

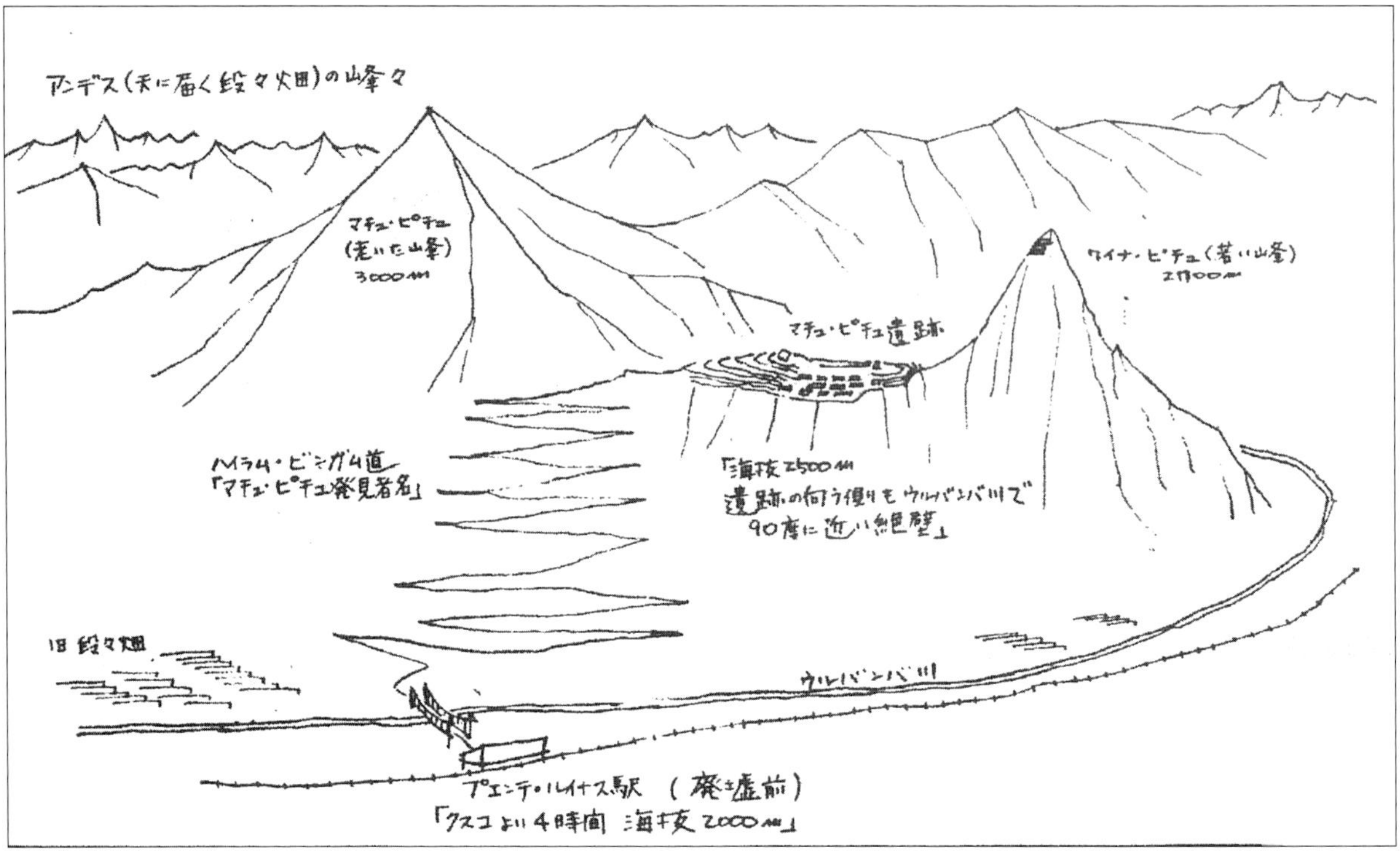

マチュ・ピチュ遺跡の鳥瞰図

の支流のビルカバンバ川の奥地に隠れ、ひそかに強固な砦を築いて、スペイン人に抵抗した。その一つがこのマチュ・ピチュであるともいわれている。このマチュ・ピチュは城砦であると共に、太陽を崇拝したインカの人達の信仰の場として、十五世紀前半に造られたものともいわれているが、それは現在において、今だ定かでない。いずれにしろ、インカを征服したスペイン人に知られることなく、切りたつ峰々と深い谷に守られ、四〇〇年間その姿を隠してきた。

小型の観光バスを降り、北の崖より路を二〇〇メートルばかり行くと、一群の住宅跡に突き当たる。建物の屋根は近頃造られた粗末な草葺きであるが、インカ時代は精巧な石壁にふさわしい、厚い立派な屋根がかけてあったに違いない。

住居跡を通りぬけた途端に、ワイナ・ピチュ峰を背景にしたマチュ・ピチュ遺跡が大観することができる。

この都市には聖職者の居住地区、貴族地区、庶民地区があり、祭壇の神殿、政庁、聖広場、王族の邸跡、処刑場等がある。中でも、王女の水汲場の背後に半円の大塔がそびえている。要塞、宮殿、陵墓などと想像されるこの塔は、梯形のふたつの小窓を持った端麗な姿によって、遺跡の中でもっとも美しい建築と謳われている。

マチュ・ピチュ市内の最高峰で、台地の中央には高さ一・五メートルの巨岩から造られた三六センチの角柱が突起している。角柱の対角線上を冬至の日に太陽が通過するので、日時計ともいわれているが、一般には太陽神の礼拝石と考えられている。

この周囲に立って眺めると、五キロ平方にまたがる遺跡の大半

マチュ・ピチュ遺跡

と、その間に散在する主要建物のほとんどを見渡すことが出来る。天候もよいし、一時間ばかり細い山道を這い登りワイナ・ピチュ（若い峰）の山頂に立つと、遥かにサルカンタイ峰や、ベロニカ峰、チコン峰の六〇〇〇メートル級の雪峰も望見される。

いずれの主要建物も、その石造の工法は、クスコ市内やサクサイワマン城塞跡などにみられる石壁とおなじで、そのすべてが謎の組み合わせで出来、剃刀一枚も通らない技巧には驚嘆せざるをえない。この石組みを石のハンマーと赤銅の斧しか持たないインカの人々が、どのようにして造りあげたのであろうか。

コンドルの神殿には巨大な平面の石がある。これは葬式石で、死骸を、信仰するコンドルに食わせたであろうと想像されている。インカの伝説ではコンドルは、彼らを見守る神聖な鳥であった。

ペルーの音楽家ロブレスが一九一三年、サルスエラ（歌芝居）の中で発表した「コンドルは飛んでゆく」の歌は、勇気の象徴であるコンドルに悲しい運命を訴えていて、今はペルーを代表する民謡でもある。

ワイナ・ピチュには月の神殿があり、頂上に達すると一メートル平方の空地もない角張った巨石が群立し、その内の一つに座席の形を彫った巨石がある。

神の玉座として作られたものか、あるいは、監視の兵の腰掛であったのかもわからない。この頂上からの眺めは雄大である。アンデスの雪峰青峰は浪のように起伏し、遠く連なっている。マチュ・ピチュの遺跡と、そのかたわらを流れるウルバンバ川は、箱庭の点景となって、その底に沈んでいるようである。

（一九八三年）

クスコ市内の通りにある十二の角をもつ大石

マチュ・ピチュはこの都市の神殿を中心に、広く段々畑があり、数万の人口をかかえることが出来たといわれ、全盛期にはこの所に三〇〇〇人以上ものが住んでいたと推定されている。いつの時代に誰の手によって建設されたかは未だ明らかでない。千古の謎を秘めたインカの秘都、住民が空中に消えた廃都、それがマチュ・ピチュである。ここが幻の新インカ帝国の首都なら、ここに住んでいた人は、この地を捨ててどこに行ったのでしょう。

「偉大なインカよ！　神秘なマチュ・ピチュよ！　と叫びたい」

12の角を持つ大石の図

あとがき

「あとがき」を書かねばならなくなって、いくらかのことを書き残したように思う。念のため、ここでいくつかのことを書いておくことにした。煩雑ではあろうが、お許しをこう。

私は親父の背中をみて育った

私が子供の頃は、親父の度重なる商売の失敗と病気が重なって貧しかった。住まいも市内のふきだまりで、環境もあまり良くなかった。

小さな麹と甘酒屋でしたが、家は麹屋という内容ゆえ、親父は二十四時間が仕事でしたのでよく働いていました。でもいくらかの暇さえあればよく歴史書や辞書を片手に英文書を読み勉強していました。真に文武両道で、この時代は戦時中で、このような人物は私達の近くにはいませんでした。

兄弟姉妹もまたそれなりによく手伝っていました。環境の悪い地区でしたが、家族の六人の兄弟姉妹内の私以外はいつも級長か副級長で、皆な真面目でしたので地区には珍しい家族だったようです（私はなぜかボンクラで勉強しなかった。私の著書『もっと子供を叱れ』平成十三年、海鳥社刊に書いている）。

親父は、酒やタバコをのむこともなく、話といえば、将来の子供達の為を思ってでしょう、自分が過去失敗したことを話し、「貧乏しても、家を一度で売ってはいかん、瓦を一枚ずつ売る間にきっと芽がでる」と、よくそのような話をしていました。

また明治の人間らしく無駄口もなく冗談もなかった。ただ楽しみと言えば、出張（佐賀と福岡の春日に幾つかの借家があった）した時、家で待っている子供達に土産を買ってくることぐらいでした。一口でいえば親父は働き者で、自慢することもなく、とても謙虚な人間で偉かった。

穂高岳登高時のリーダーの教えは素晴らしい

私は、親父譲りで青年時代から旅行が好きでした。山歩きも随分と行きました。私が山の会で所属した「山荘会」の皆様や、高校山岳部の諸君とも随分と旅することも出来ました。

山荘会で最初日本アルプスの穂高岳に登った時はとても感動したものです。十人ばかりの、リーダー以外は初心者のグループでしたが、穂高山頂にあと一歩手前のコル（山頂の首にあたる部分）で、リーダーから小休止の合図がありました。あと五〇メートルも登れば山頂なのにと不思議に思っていましたら「ここまで来るには随分と苦労してきました。山頂にはゆっくり、落ち着いて登るものです。人生も同じで、ここで成功だと思ったときも、ひと息いれて、再度考えなさい」。このリーダーの教えはとてもその後、人生の助けになりました。山登りには競争はありませんが、山は登ることによって色んなことを教えてくれます。そんな理由で私の設計室は穂高建築研究所にしました。

このグループの一人（山壮会で最初に穂高岳に登高した友）に、一九八二年世界第二の高峰「Ｋ２」に日本山岳協会登山隊長として活躍（長編映画にもなり全国の映画館で上映）された友（後にヒマラヤの未踏峰をアタック中遭難）もいます。

トルコではこれで死ぬんだなと思いました

海外旅行では誰でもが、色んなトラブルに遭遇することがあると思います。私は臆病ですから、あまり無茶な行動は控えていますが、ちょっとした油断が事故につながる場合がどうしても生じます。

トルコの旅行中とても怖い目に遭いました。トルコ中部のアンカラ市でのことです、夜十二時頃ホテル着いたとき、あるヨーロッパの旅行者が「上の階で煙が出ています」と言って降りてこられました。

しばらくすると、私達の女性の添乗員がある情報を持ってきて、たいした火災でないようですからと言って、私達を案内しようとします。私は専門的にもビルの火災の危険を良く承知していますから、グループの皆に上階に行かぬよう説得しましたが、添乗員が自分の都合で無理矢理に安全と言って、皆をエレベータで案内してしまいました。

五階の部屋に入った途端、ファイヤー・フラッシュが起こったのでしょう、隣室のトルコ式風呂から煙がでて、私達の部屋にもドアーの隙間からから除々に煙が入ってきました。避難しようと避難階段に行きましたが、施錠されて出ることができません。部屋に戻りましたが、煙が充満したので、最後は、私はこの部屋のガラスを椅子で一部割り、新鮮な空気を取り入れることで難をのがれました。

一時はこれで人生も終わりだと感じました。下を見ると消防車が八台で放水を始めています。添乗員も行き場がなくて、私の部屋に避難した。火災が終わった頃には私達の室は勿論エレベータ前のホールは水浸しになっていました。

翌日、隣室を見ますと、広いトルコ式風呂の内部が全焼していました。ホテル側の説明ではトルコ式風呂の部屋の板が熱を持ち煙が出すぎたようでしたと説明していました。トンでもない説明です。

後日わかったことですが、添乗員も会社には軽微の火災と説明していました。海外ではくれぐれもご注意されますよう。

親父は一度検挙された

十年ほど前、弟が東京神田の古書店で『佐賀市史』を見ていたら、その中で偶然親父の「北島喜三次」の記事を見つけたそうです。それは佐賀市制当時、市に水道の賛否が論じられた時、親父が代表になり「佐賀平野には縦横にクリークがあり、水質もきれいだし予算もないので、その必要性はない」との理由を論じ、活発に代表者としての反対運動をしたとのことでした。

『佐賀市史』（下巻）の中にはこんなことが書かれてありまず、以下要約する。

「水道布設反対者は大正二年七月二十一日午後七時より、水道布設反対大会を、佐賀町新栄座にて開会した。佐賀警察署は場の内外を厳重に警戒して物々しき光景を呈した。会場は最初から満員の盛況であった。左記の代表北島外七名の弁士が次々と登場して〝水質と経費について〟万丈の気焔を吐き、十時に散会した。

市長は〝首が胴に着いている間は、必ず水道布設を断行する〟といって彼ら八名を、同夜、治安警察法に触るものとして検挙した」とあります。

後でわかったことですが、反対に頭にきた市長は、最初から検挙するために、会場を故意に警察に厳重に警戒させ、集会が終ったあと検挙させたそうです。水道布設反対なんか暴動には全く関係するものではありません、今では全く考えられないことです。

兄貴が戦死しなかったのも祖母のやさしさ

親父は歴史の勉強家だけあって、将来をみつめる何かを持っていたようです。当時の青小年の多くは軍人になり、飛行機や戦車の操縦士とかに憧れていました。八歳上の兄が福岡工業学校に受験しようとした時、親父が強く止めたそうです。

これら工業学校に行くと、どうしても最前線の戦地に行くことになるので、行くならば後方の通信兵になるようにと熊本にある逓信学校を受験させています。

戦時中、逓信省の職員は国策上、兄は兵役免除になりました。でも戦況がきびしくなったので終戦の十五日まえに召集令状が来ました。それも安全な福岡県の中央にある大刀洗航空隊基地の通信隊本部でした。命びろいをしたようです。この兄は戦後、逓信学校の高等科に進学しました。

兄の出征中こんなことがありました。お袋がこの家に嫁に来た時のことです（今は落ちぶれていますが、当時は造り酒屋で使用人も数人は居たようです、でも四人兄弟の長男の親父が株で大損をする寸前、兄弟で財産を分割しています。更にその後病気も重なりました）、祖母が大きな釜でご飯を炊き、出来るとまず握り飯をいくつも作り重箱に紐をつけ、川の向うで待っている貧しい方達に毎日流していたそうです。それ故兄が出征中、仏壇に手をあわせていた時、私に「おばあちゃんはとても優しい方だったので兄さんや身内の者は決して戦死はしない」と言って拝んでいました（皆な無事で生還しました）。

特異なのは、母親の弟の長男です。満洲での憲兵隊でしたが、終戦の一ヶ月ばかり前、軍令で内地に帰っていました。仕事が終わったので満洲に帰るつもりで、下関で韓国行きを二週間ほど待っていましたが、その客船が対馬近くで敵機の襲撃に遭い、韓国に帰還できなくなり終戦になりました。この従兄も命びろいをしています。その後、彼は福島県会津市の中学校の先生をしていましたが、たくさんの先生から推薦を受け、県会議員をしていました。親父の弟も戦後中国から無事で生還しました。

カミさんの親父は警察官当時追放になった

こんなこともありました。大正の中期、親父は数年前佐賀市とのトラブルもあり、佐賀市会議員の立候補をとりやめ、弟二人が市会議員に同時に立候補した時のことです。両名とも当選しましたが、親父が二人の為に懸命に選挙運動をした中でいくつかの選挙違反をしたのでしょう、その時の調べに当たった担当の警察官が私のカミさんの父だったそうです。

その後カミさんと偶然結婚することになりましたが、その直前、親父にカミさんの家族のことを話しますと、「あの人の娘さんだったら間違いない」としきりに言っていました。

それは、当時の警察官は一般に横柄な取り調べをする中で、この警察官だけはとても紳士的だったそうです。この父も警察官としては皆の信頼が厚かったからと思います。若くて東京の警察大学に推薦され、四十五歳にして佐賀警察署長を拝命していました。

でも戦後のGHQの追放令で若くして辞職させられました。時々私に人生で出世することはない、最も大切なことは仕事を一生懸命することです、と良く言っていました。人間良くして八十五点、悪くても七十五点です。

金を貸して良いことはない

こんなこともありました、親父が他界した後、お袋と書類の整理をしていた時でした、五万円の借用書が出てきました。相手は九大工学部教授が二名と職員一名の連名のものでした。戦後直ぐの当時は大学の先生も給料がとても低かった（大学出の初任給が一五〇〇円もなかったぐらい）。何回催促しても提訴しても、とうとう返済しなかったとお袋が悔やんでいました。

私が大学卒業する直前でした、この三人の中の一人が今年から九大に建築工学科ができるので、助手に推薦しましょうとの話がありました。既に私も二十数倍の難関で福岡市の教師がきまっていましたので行きたかったが断りました。なぜこんな話があったか当時は深く考えませんでしたし、親父も何の話もしませんでしたから、親父が逝って初めてこの事をしりました。

私も過去、聾学校教師時代、大学進学のため、せっかく貯めた金を貸してくれと頼まれしぶしぶ貸しました。大学時代はアルバイトで貯めた金を頼まれ。六十歳までの間は（私が学校の他、構造計算をしているので、何とかしてくれるのでないかと思ってでしょう）、随分と金を貸しましたがまともに戻ったことはなかった。最後は嫌な思いをしなければなりません。この教訓から「金は貸してはいけないし、また借ってもいけない、借りるぐらいなら貧乏せよ」。教育者とか宗教学者とか自認するものに限って碌な人間はいない。

甘酒のレッテルについて

裏表紙について。私の少年時代は小さな甘酒屋でしたので小瓶に甘酒を詰め「レッテル」を毎日貼る手伝いをしていました。

当時は戦前戦中で砂糖の少ない時代でしたので、かなり儲けていたと思います。甘酒を瓶に詰めると大きな釜に瓶を何十本も入れて沸騰させ殺菌します。兄弟みんなで手伝いました。結構忙しかったので、このレッテルにとても思い出があります。親父は勉強家だったのでレッテルの文章は自分で考えたそうです、なかなかの名文です。

おわりに

私は勉強不足のせいか、技術屋なのでどうしても文学に弱いので文学に興味をもたれてある看護師の日山富士代さんにいろいろと指導をうけて、やっと完成することが出来ました、ここに厚くお礼申しあげます。

北島　進（きたじま・すすむ）

昭和７（1932）年２月生まれ。

昭和19年、福岡市立博多工業学校木材工業（航空）科入学。

昭和25年、戦後、岡市立博多工業学校木材工業（航空）科校は博多工業高等学校木材工芸科となり、卒業。

同年、福岡県立直方聾学校助教諭、１年後退職。

昭和26年、大阪工業大学建築学科入学、四年後卒業。

昭和30年、福岡市立博多工業高校教諭、定年まで勤める。

昭和33年、「教育公務員特例法」の許可を受け「穂高建築研究所」を設ける。

昭和33年から今日まで、構造計算したビル・煙突・橋梁多数
昭和33年頃から今日まで、札幌から那覇の各都市にて建設関係の資格指導にあたる。

昭和39年、福岡県工業「教育研究会報」（三号）に「福岡市地盤構造図」を発表（日本最初の都市地盤構造図）。昭和42年、日本建築学会により各都市の「地盤構造図」がつくられる。

昭和48年～平成２年まで福岡県建築士試験委員を務める
平成26年２月、穂高建築研究所を閉じる。

※　教育公務員特例法の17条、21条には、教員は絶えず研究と修養に努めなければならないことと、教員は任命権者の認める場合はその事業に従事することができることが記されています。
※　昭和三十年代の当時は、日本建築学会や日本設計協会等では、勉強と研究のためある程度は設計に参加するのを奨励していました。

子供の頃は、ボンクラでもよか
■
2014年11月28日　第１刷発行
■
著者　北島　進
発行者　西　俊明
発行所　有限会社海鳥社
〒812-0023 福岡市博多区奈良屋町 13 番4号
電話 092(272)0120　FAX 092(272)0121
http://www.kaichosha-f.co.jp
印刷・製本　大村印刷株式会社
ISBN978-4-87415-926-2
［定価は表紙カバーに表示］